はじめに

大地震活動期と気候変動下の日本列島を自然の猛威が容赦なく襲っている。これに備え、被害を最小限に抑え、早期に復旧・復興が可能な社会をつくる必要がある。災害時代に私たちが人間らしく生きるにはどのような条件が必要なのか。これが本書の問いである。

２０２５年は阪神・淡路大震災から30年の節目である。この間、中越地震、東日本大震災、熊本地震、西日本豪雨、能登半島地震など、数多くの災害が発生した。そのたびに私たちは復興と減災に取り組み、そこから数多くの教訓を得てきた。ところが、災害のたびに過去の教訓が生かされていない状況に苦しんでいる。２０２４年の能登半島地震の被災地の現状、関連死の数にあらわれているような過酷な避難環境等がまさにそうである。問題はなぜ繰り返されるのか、どうすれば変えていくことができるだろうか。

私は、テーマを深める上で、被災した人たちの声と暮らしにこそヒントがあると思っている。ケアの倫理を提起したフェミニスト心理学者のキャロル・ギリガンは、その代表作『もうひとつの声で』において、男性のみから描かれた発達理論とは異なる、女性の声から女性の発達過程を示した。人は他者から分離して自立した存在になるという男性の発達に対して、女性は人のつながりの網のなかで生きる関係的存在として成長していく。男性の道徳性が権利と規則に対する理解を軸とするのに対して、女性の道徳性は責任と人間関係に対する理解を軸とする。つまり、女性の道徳は、個人の権利の優位性や普遍性ではなく、むしろ世界や他者、自分自身に対して応答する責任を強調し、分離よりもつながりやかかわりを大切にする（ギリガン1982＝2022）。

このような視点から、人と暮らし、そして行政と制度をみれば、これまでの人や制度に関する支配的な理解は、男性的で家父長制規範の影響の強い「分離・自立」という観念を基礎にしていると考え得る。それに対して、女性の発達をあらわす「もうひとつの声」は、「つながり・相互依存」という人間と制度の理解を示唆し、ケアの倫理を体現した人と制度・実践をイメージさせる。本書は、災害時代を生きる条件に関して、人はつながりと相互依存のなかで生きる関係的存在であるという人間理解とともに、従来の「分離・自立」の社会政策とは異なる「つながり・相互依存」を重視する社会政策・実践を構想したい。そのために、本書は、「もうひとつの声」としての被災者の声に依拠し、被災後を生きている人々の姿を描くとともに、被災者の暮らしと自然、社会、制度、地域などとの相互作用に着目しながら、災害対応を含む社会制度とその改革の課題と展望を探ろうと思う。

ところで、生活再建や地域復興に向き合い、多様な関係を結びながら困難に立ち向かっている被災者や行政職員・関係者に目を向けると、私たちはそこにさまざまな分離と断絶があることを知る（例えば、被災者の関連死や孤立、ニーズに対応できない制度等）。関係的で相互依存的な存在である人間が、なぜ分離や断絶を、しかも繰り返し経験するのだろうか。ギリガンが発見した女性の「もい語ることさえ難しく、語っても聴かれない声、あるいは届かない声である。同時にそれは人間らしさを抑圧する社会の中での抵抗の声であり、民主主義のより発展した社会においては女性の声ではなく人間の声となる希望の声である。被災者の声も数多くある問題を指摘するはっきりした声は稀で、むしろ言い淀み、遠慮がちに語られることが多い。私はその声を、苦悩の中で生きる声、抵抗の声、そして人間の声として聴く。

本書の参与的な観察と調査は以下の経験にもとづいている。2016年の熊本地震で震度6弱と6強を経験した私は、小学校に避難して避難所の運営に参加した。その後、学生らと被災者支援のボランティア活動に取り組むとともに、被災自治体の復興計画の策定にも関与し、地域支え合いセンター（みなし仮設担当）の相談支援員としても活動した。そして、2020年の熊本豪雨の被災地では、学生とともにボランティアとして継続的に活動し、いまも定期的に被災者を訪問している。2024年の能登半島地震でも、学生等とともに1月から奥能登に入り、現在までボランティアとして支援活動を続けている。私が聞いてきた被災者の声は被災者全体のほんの一部である。しかし、それは被災者の典型的な声でもあると思う。

本書の第1章は、能登半島地震の被災者の実態を取り上げて、被災者の避難生活、生活再建に関する今日的な課題を提示する。第2章は、熊本地震の経験から避難所運営の実際と教訓を論じる。第3章は、仮設住宅の一形態である「みなし仮設」の実態とその支援のあり方について熊本地震の益城町のケースをもとに示す。第4章は、被災者の生活再建の問題、とくに健康・生命の問題について、社会保障・被災者生活再建等の制度と関連づけて論じる。第5章は、被災者の経験とボランティアの実践を踏まえて、災害後の関係性の断絶に着目し、つながりを創造するための課題と条件を提起する。第6章は、以上の分析を踏まえて、災害時代を生きる条件について提言する。

目次

災害時代を生きる条件
――住民自治・普遍主義・ケア実践――

第1章　能登半島の多重災害が問いかけるもの

第1節　過酷な避難生活

２０２４年1月1日に発生したマグニチュード7・6の能登半島地震は、15万５７５１棟の住宅被害（うち全壊６４６１）と死者５１５人（うち災害関連死２８７人）という甚大な被害をもたらした（２０２５年1月28日現在）。8月末時点で1次避難所に４３７人が避難していたところに、9月21日の奥能登の豪雨災害によって避難者が増え、過酷な避難生活が長期に及んでいる。

私は、1月12日、災害支援団体「チーム神戸」（金田真須美代表）を通して、輪島市の避難所に大学院生とともに支援に入った（**写真1－1**）。3日間、避難所で寝起きして、被災者にお茶を出しながらお話しをしたり、清掃の手伝いなどをした。そして、1月26日からも3日間、同じ避難所に泊まって、避難所や在宅の避難者の支援を行った。さらに、2月半ばに3日間、3月半ばにも4日間

写真1－1　2024年1月13日の輪島市中心部

出所：著者撮影。以下断りのない場合は同じ。

など、２０２５年１月までに12度、約40日間、輪島市や珠洲市、能登町で学生とともに活動した。本章では、そこでの経験にもとづき被災地の状況を記すとともに、被災者の生命・生活において問われていることを示したい。

1　過酷な避難環境

能登半島地震の避難環境の過酷さは、災害関連死の数にあらわれている。石川と富山、新潟の３県で災害関連死と認定された人数は３０７人に及び、直接死２２８人を上回った（２０２５年２月13日現在）。輪島市の関連死の認定件数95件は、人口２万１９０３人に対して０・43％である。珠洲市と能登町のそれも人口１０００人当たり３人を超えている。[1] 熊本地震の益城町《ましきまち》の関連

写真1－2　2024年1月29日の輪島市中心部の避難所（体育館）

死件数は25件であり、当時の人口比で0・07％であった（人口3万4609人）。3市町の関連死の割合は益城町の約5、6倍にものぼる。災害関連死は震災によって体調が悪化した人たちの一部である。[2] 震災後の過酷な避難環境のなかでいかに多くの人たちが生命の危機に直面したかがわかる。[3]

　2024年1月12日に入った輪島市中心部の避難所（体育館）では、50人ほどの被災者が雑魚寝状態で、新聞紙またはゴザの上に体育マットを敷いて毛布をかけて寝ていた。余震と断水の中での避難はただでさえ過酷である（体育館では電気は通っていた）。発災から2週間時点のこの状況は再訪問した1月末もほぼ同じだった（**写真1－2**）。ダンボールベッドと仕切りが設置されたのは、2月に入ってからであった。体育館は、入り口のドアや窓枠が地震で痛み、マイナスの気温の風が常に吹き込んでくる。ストーブを設置しているものの、夜の室内は冷たい。避難者には高齢者が多く、ガン等の重い病気を抱えている人もいた。市役所は避難者を2次避難所に誘導して、避難所を早めに縮小したいと考えていたようだが、仮設住宅の建設が遅れる中で避難所が長期にわたることは明らかであった。

避難所の食事は、朝はカップ麺か菓子パン、昼と夜は自衛隊等による炊き出しであった。私が見た限り、おかずの種類も味噌汁の具も少ない。余っているからといただいたスープは今までに食べたことのない味だった。災害救助法では食費（炊き出し費用）は1人1日当たり1230円以内（当時）と定められており、多様なメニュー、栄養バランス、質などに配慮することが求められている。しかし、食事は量も質もそのような水準にあるとは言い難く、野菜が不足し健康を維持できるとは思えなかった。60代の男性は、6か月間の避難所生活で、「10キロ痩せました。あの食事では、ほとんどの人が痩せたと思いますよ」と話した。食べることから健康の維持、生活の再建ははじまるが、熊本地震でも熊本豪雨でも問題があった食事の質は今回も改善されていない（高林編2023：3-4）。

野外に設置された仮設トイレ（和式だけでなく洋式もあり）は高齢者や体が不自由な方々にとっては危険だと思われた。私が訪問した避難所は2階部分にあるため（エレベーターなし）、同じ2階にある更衣室（男女別）にダンボールトイレを設置して、その中に汚物を捨てるようにしていた。

避難所には入浴設備はないため、避難者は徒歩20分程の近隣の避難所に設置された自衛隊の風呂を使っていた。しかし、厳しい寒さの中では、不便さもあり、1か月間、全く入浴していないという人もいた。2月になって上水道が通ったために何人かは自宅に戻った。下水道の復旧にはさらに時間がかかった。

2　在宅避難者

ところで、避難所の炊き出しや支援物資は、自宅で避難生活を送る、いわゆる在宅避難者も受け取ることができる。[4] しかし、私が避難所で寝泊まりした6日間、そのような様子はなかった。在宅避難者等のために物資配布をしている民間の支援拠点には、毎日のように長蛇の列ができていた。市役所は在宅避難者も避難所名簿に登録すれば支援物資等を受け取ることができると説明するが、避難所の入り口には「ここでは支援物資を配っていません」という張り紙を貼っていた。避難所が給水所になっているため、在宅避難者が水を取りに来た際に受け取れるように、支援物資を並べておくぐらいの配慮が必要だろう。

私たちが避難所の周辺地域の在宅避難者を訪ね、水を1ケースお渡しすると大変喜ばれた。避難所に行かない理由は、断水しているが電気が通っていること、同居の高齢者が避難所では落ち着いて生活できないなどと聞いた。石川県は避難所以外に避難している被災者向け専用窓口を設けて登録を呼びかけていたが、把握できている在宅避難者等は一部に過ぎなかった（2024年4月現在）。

1月半ば、避難所では市職員が避難者に1・5次避難所と2次避難所への移動を勧めていた。被災者は、2次避難所が石川県内か県外か、ホテルなのか旅館なのか、全く知らされないままにバスで金沢市内に移動することに不安を訴えていた[5]。それでも、多くの被災者が避難所を離れた。温泉旅館での2か月間は温泉に入り放題というとても恵まれた環境で、他の被災者に申し訳ない気持ちだったという話も聞いた。他方、すぐに避難所に戻ってくる人たちもいた。被災者から「見知らぬ人と相部屋だった」「やはり故郷がいい」という理由だった。2次避難は一定の役割を果たしたとはいえ、1次避難所の環境の劣悪さ、避難生活の見通しの不安が2次避難所への流れをつくったのではないかと感じる。

3　ビニールハウス避難や車中泊

2月半ば、輪島市の農村部にあるビニールハウス避難所を訪問した（**写真1-3**）。10人の避難者は主に高齢者であった。昼は自宅に片付けに戻り、夜はハウスで寝る。80代の女性は、肥料袋を重ねた上に布団を敷いて寝ているため「腰が痛くなる」と話した。この日は、晴天で日中のハウス内は36℃になった。一方、雨や雪の日は「屋根（天井）」に当たる音が大きくて眠れないという。毎日の1食分の食事は、近くの公民館まで、炊き出しを取りに行く。その他は、支援物資のインスタント食品や持ち寄ったものを食べる。輪島市の避難所数は1月末時点で87か所、3月末時点で53か所あり、ビニールハウスや地区の集会所など指定避難所以外も多かった。小さな避難所においても、避難環境の整備や食事の提供等に問題があった。

写真１－３　2024年２月半ば輪島市の農村部にあるビニールハウス避難所

また、車中泊の実態も把握されていなかった。私が活動していた避難所の敷地内にいた車中泊の方は、行政職員から一度も声をかけられたことはなかった。２週間以上も車で寝ていたため、膝から下が腫れ上がってしまった。医者にかかり、利尿剤を処方されたが、痛みがないからと気にとめなかった。しかし、避難所の被災者やボランティアの声かけによって少しずつ体を動かし、２月前半に避難所にダンボールベッドと仕切りが設置された段階で車中泊をやめて避難所に入り、足の状態も回復した。

４　避難所の集約・縮小、そして豪雨災害

５月半ば、輪島市内の避難所の避難者に、突然、避難所集約（解消）のスケジ

ユールが示された。集約によって早めの閉鎖対象となった避難所の避難者は動揺していた。仮設住宅の建設が遅れ、避難者の多くは入居先が決まっていなかった上、他の避難所に移動することにも不安があった。それ以前の段階で、市役所の課長クラスの職員が避難所を訪問して被災者と話をする機会がなかったことも、不満と不安を強めた。それでも被災者は市役所の説明を聞いた上で、その方針に協力しようとしていた。

9月に訪問した仮設団地は学校の指定避難所に隣接していた。たまたまお会いした高齢の女性は、別の避難所で交流のあった方だった。前の避難所が7月に閉鎖され、この避難所に移動したのであった。9月末に仮設住宅に入居するとのことで、元気そうではあったが長期におよぶ避難所生活の苦労を思わずにはいられなかった。

10月には避難者がいなくなる予定であったこの体育館（写真1－2）は、9月21日以降、豪雨災害によって被災した人たちの避難所となっている（2025年1月中旬に閉鎖）。被災者のなかには浸水した自宅の2階で暮らしている在宅避難者も少なくない。

第2節　仮設住宅の被災者の状況

1　建設型仮設の現状

石川県は、能登半島地震の被災者向けの建設型仮設住宅について、159か所、6882戸の整備を進めている（2024年12月3日現在、98・8％が完成）。うち8割近くがプレハブ仮設で、木造仮設（1603戸）は23・3％である。1月中に着工したのは1247戸（全体の18・1％）、2月中までの着工数は3673戸（全体の53・4％）であった。仮設住宅の着工の遅れによって完成は主に3月から8月までかかった。その分だけ避難所等での避難生活が長引いたといえる。能登半島地震のみなし仮設（賃貸型仮設）は4593世帯であり、仮設住宅全体（1万1475戸）の4割を占める（2024年10月末時点）[6]。奥能登豪雨の建設型仮設については、輪島市と珠洲市にあわせて、5か所、286戸が着工された（2024年12月3日現在、すべて木造で、2025年3月完成見込み）。

石川県内では、2024年7月中旬までに、19市町に「地域支え合いセンター」が開設された。センターを受託する社会福祉協議会やNPO等が、建設型仮設、みなし仮設の戸別訪問や交流支援を始めている。

8月に私たちは、ある仮設団地の集会所にて、たこ焼き等を提供しながら被災者のお話を伺った。「仮設団地の駐車場が少ない」「集会所がない仮設団地がある」「部屋のなかにまでアリがいて指の間を刺された」「プレハブ仮設は暑過ぎてエアコンが効かない」「部屋が狭い」「夫婦や親子が1Kの間取りに住んでいる」「同じ団地の住民の顔も名前もわからない」「仮設は2年間と聞いているがそのあとが心配」などという声を聴いた。各地でこのような悩みや不安を語り合えるような交流の場づくり、それを丁寧に聴いてサポートをする行政・支援者の取り組みが必要である。

2　狭い仮設住宅がさらに狭く

２０２４年８月から12月にかけて、輪島市内のいくつかの仮設団地を戸別訪問して、２人世帯は一様に１Ｋ（20㎡で居室は４畳半のみ）に暮らしていることを知った。仮住まいとはいえ、今後、２年間、長ければ４、５年間も暮らす住宅である。狭小な部屋での生活によって家族関係や健康に深刻な影響が生じる懸念がある。

国の住生活基本法にもとづく住生活基本計画に示されている「最低居住面積水準」は、「健康で文化的な住生活の基礎として必要不可欠な住宅の面積に関する水準」であり、すべての世帯の達成を目指す基準である。[7]２０１８年の全国の未達成割合は６・６％で、民営借家では18・５％と平均の約３倍であり、住宅の所有関係や所得階層によって格差がある（総務省２０１９）。

「最低居住面積水準」に照らせば、２人暮らし世帯が２ＤＫ（30㎡）の仮設住宅に入居していればかろうじて水準を満たすものの、実際には１Ｋ（20㎡）のため10㎡不足する（表１‐１）。建設型仮設住宅の間取りを、最低居住面積水準と比較すると、すべての世帯で最低水準を下回る。１Ｋの20㎡は１人暮らしであっても基準に満たない。２ＤＫの仮設住宅に成人３人（高齢夫婦と成人の子）が暮らす世帯でも室内を見せていただいたがとても狭かった。仮設住宅の２ＤＫ（30㎡）に４人暮らしの世帯もあった。

市役所から仮設住宅の１Ｋに80代の父親と同居することを求められた60代の息子は、狭くて耐えられないと、職場で寝泊まりしている。１Ｋで80代の母親と暮らす50代の息子は、虚弱な母親のベ

表1－1　最低居住面積水準と仮設住宅のタイプごとの世帯人数別の面積（石川県）

		世帯人数別の面積（例）（単位：m²）				
		単身	2人	3人	4人	5人
最低居住面積水準＊	世帯人数に応じて、健康で文化的な住生活の基礎として必要不可欠な住宅の面積に関する水準（すべての世帯の達成を目指す）	25	30	40	50	57
建設型仮設住宅	1K（1人～2人用）	5～10m² 狭い 20				
	2DK（2人～4人用）		10～20m² 狭い 30			
	3DK（4人以上）	2人世帯であれば水準以上だが、輪島市では2人世帯は1Kに入居			10～17m² 狭い 40	

注　＊は、住生活基本法に基づく住生活基本計画に示されている水準。
資料：『住生活基本計画』2021年及び石川県HP（https://www.pref.ishikawa.lg.jp/kenju/saigai/r6oukyuukasetsujyuutaku.html）より筆者作成。

ッドがあるので、身体の半分は押し入れのなかで寝ていると言われた。高齢夫婦の妻は普通に布団を敷いて寝ている横で、夫は布団を三つ折りのまま寝ていると説明した。

ベッド1台を置くと食事のためのテーブルを畳まない限り布団を敷けない。玄関から居室までの通路には、一方にキッチンと洗濯機、もう一方に風呂・トイレ・洗面所がある。キッチン前の通路に食器や電子レンジを置く棚を設置している世帯もあり、入居者は非常に狭い空間を工夫して使っている。「狭いけれど、住むところがあるだけ有難い」と言われた方もいた。しかし、現在の仮設住宅の基準と運用は、被災者の健康で文化的な最低限度の生活を保障するものではない。「狭いので友だちを自宅（仮設）に呼べないから、離れてしまう気がする」という高齢の女性の声も聞いた。狭い居住は友人との関係にも影響している。

阪神・淡路大震災の建設型仮設住宅に関する調査結果によると、入居者が1人から2人になると「狭い」という被災者の声が34・0％から72・9％へと大きく増えている（越山・室崎1996）。熊本地震の建設型仮設では1Kに2人世帯もあったが、熊本豪雨の被災地の一つ、人吉市では2人世帯は私の知る限りすべて2DKに入居していた。その場合、狭いという声は聞かなかった。

災害救助法の実施主体は都道府県である。被災者支援の内容・水準には自治体の裁量がある。内閣府告示第228号（最終改正2019年10月23日施行）には、建設型応急住宅について「一戸当たりの規模は、応急救助の趣旨を踏まえ、実施主体が地域の実情、世帯構成等に応じて設定し」とある。[8] また、この基準によっては救助の適切な実施が困難な場合には、都道府県知事は、内閣総理大臣に協議し、その同意を得た上で、救助の程度、方法及び期間を定めることができるとされている（特別基準：災害救助法施行令第3条第2項）。しかし、内閣府は応急仮設住宅の供与（建設型仮設住宅）の「住宅の規模」における「備考」として「プレハブ業界において、単身用（6坪タイプ）、小家族用（9坪タイプ）、大家族用（12坪）の仕様が設定されていることも考慮する」と記している。これらは確かに一般社団法人プレハブ建築協会がそう決めている（同協会のホームページにあり）。これらはほぼ最低居住面積水準以下であるが、1Kタイプを単身用としており、石川県のように「一人〜二人用」としていない。二人世帯を1Kに入居させることを認めた石川県は、これを地域の実情（建設用地が少ない）に応じたというのであろうが、被災者の生活・健康と人権への配慮を欠いていると言わざるを得ない（2DKに4人を入居させていることも同様である）。

ところで、内閣府がプレハブ業界の仕様を考慮することを都道府県に求めると、救助水準（住宅面積）は低く固定されてしまう。仮設住宅の面積は自治体の裁量で改善できるものの、内閣府が都道府県に「考慮」を求めるのであれば、プレハブ業界の仕様自体を大きく改善させる必要がある。

石川県と輪島市は、「4畳半2人入居問題」を解消するために、9月21日の豪雨災害の被災者向けの仮設住宅の建設に加えて、新たな土地を確保して戸数を増やすべきである。また、過去の被災地の例を参考に、既存の仮設住宅の改善も求められる。例えば、雲仙普賢岳の火山災害では、長崎県は仮設住宅の間仕切り撤去や世帯分離などによって「狭さ」の改善を行った（高橋ほか1998）。建設型仮設住宅の造り自体は従来からかなり改善されたが、狭さの問題は依然として改善されていない。現在の被災者の仮住まいの実態は人権問題といえる。

3　戸別訪問と交流支援と相談活動

9月と10月、仮設団地を訪ねた際、戸別訪問する「地域支え合いセンター」のスタッフを見かけた。早い段階に行う、仮設団地の全戸訪問に取り組んでいるようであった。私たちがボランティアとして（食器類や食料、小物入れ等を提供しながら）一軒一軒訪問すると、普段の生活の様子や不安などの声を聞かせていただいた。避難先で妻を亡くした80代の男性は毎日、夜になると寂しいと言われた。元は海女だったという高齢の女性は、自営の漁具の製造ができなくなり、体力も落ちたと不安そうな表情を見せた。

写真１－４　集会所がほとんど使用されていない仮設団地

気になっているのは、８月から12月まで毎月、輪島市のいくつかの建設型仮設を訪問した際、入居して３か月から５か月以上が経っても、集会所の利用はほとんどなく、自治会の結成の動きもない仮設団地が多いことである。他方で、従前から地域のつながりが強い山間の地域では、仮設団地の集会所を積極的に活用しているところもある。阪神・淡路大震災以降、仮設団地での孤独死がたびたび起こってきた。輪島市内の仮設住宅でも、2024年５月、70代の女性の孤独死があった。11月には、仮設住宅で暮らす40代の男性が病死後に発見されたと関係者から聞いた。訪問活動に加えて、孤立を防ぎ、暮らしを支える上で、仮設団地のコミュニティ形成支援は重要な取り組みであるが、現段階ですでに問題を抱えている。

問題の一つは、集会所が設置されていない仮設団地が少なくないこと。二つ目は、集会所に鍵がかかったままほとんど使用されていない仮設団地があること（**写真1－4**）。三つ目は、集会所の利用を主体的に行う自治会づくりを促す動きが行政にみられないことである。他方、住民が動いたケースもある。輪島市の鳳至《ふげし》小学校グランドの仮設団地では、入居者が集会所の鍵を行政から受け取り、毎日9時から17時の間、集会所を開放するといった取り組みが始まっている。

過去には、仮設団地に自治会が作られず、集会所もほとんど活用されなかった例がある（熊本豪雨の被災地である人吉市では13か所の仮設団地すべてで自治会が作られなかった）。他方、阪神・淡路大震災や熊本地震等では、仮設団地の自治会による交流や助け合いの活動が原動力となって、被災した当事者による生活再建施策への要望の活動や運動も展開された。行政は、戸別訪問、個別相談と平行して、ボランティア団体などの協力を得ながら、仮設団地の自治会づくりの支援、集会所を利用した交流支援に早期に取り組むことが課題である。

4　みなし仮設の現状

建設型仮設の他に、みなし（賃貸型）仮設に入居している人がいる。1次避難所から、あるいは2次避難所を経て、金沢市をはじめとする遠方に避難している人たちである。建設型仮設完成が遅れたために、みなし仮設を選ばざるを得なかった人たちが増えたのではないだろうか。

私は熊本地震の際、益城町の「地域支え合いセンター（みなし仮設担当）」の相談支援員として半年間、週に1回、みなし仮設の戸別訪問を行った。その後もみなし仮設の支援や調査にかかわるなかで、みなし仮設の支援の難しさを経験した（高林2019）。能登半島地震の県外を含む被災地内外の約3300戸のみなし仮設は常に孤立のリスクを抱える（2024年11月末現在、その他、公営住宅の空き室入居がある）。みなし仮設の戸別訪問、相談支援、交流支援などを丁寧に行うために、人と時間、予算等を十分に振り向けることが必要である。9月に建設型仮設を訪問した際、みなし仮設から転居したばかりの方から以下のような話をうかがった。

一人暮らしの60代の女性は、自宅が全壊し、県内ではあるが奥能登からもっとも遠い地域にある2次避難所の旅館で2か月間過ごした。3月半ばに退去を求められ、仮設住宅の完成の目処もなかったので、旅館の近くのみなし仮設（アパート）に入居した。1か月ほどして孤独に耐えられなくなり、少しでも故郷に近いところに移れないかと役所に相談したが一旦は断られた。みなし仮設は周囲に被災者もおらず、知り合いもいない。情報も入らず不安とストレスが大きかった。6月に建設型仮設住宅に移りたいと役所に強く伝えたところ、7月に仮設住宅に入居できるようになったと連絡があった。

仮設住宅の部屋は狭いが一人なら十分だと思う。限られたスペースをどう活用しようかと考えるのも楽しい。少ないけれど年金が入るようになった。3か月に1度、抗がん剤投与と検査のために通っていた病院には地震から今日まで行っていない。病院が少し遠いことも理由だが、これまでは行こうという気力が出なかった。両親も子どももいない。災害で同級生が二人亡くなった。「自分もこのまま死んでもよいと思う気持ちがどこかにあるけれど、心のなかに寂しさや苦しさを抱えながらこれからも生きていこうと思っている」と語られた。

被災者はそれぞれの人生と生活の文脈・関係のなかで災害に遭う。厳しい避難環境に置かれたり、避難生活において孤立したりもする。どのような避難場所であっても安全に安心して暮らせることが重要である。政府・行政は、被災者の声を丁寧に聴いて、状況に応じて仮住まいの変更や住宅の環境改善、関係性の維持・形成などに柔軟に対応することが求められる。

第3節　自治の軽視と豪雨災害

1　管理されるボランティア

石川県知事から個人ボランティアは控えるようにとの要請があり、被災地では1月も2月もボランティアの姿をほとんど見なかった。1月末、輪島市中心部の在宅避難者を訪問した際、「全国の人たちが能登の被災者に心を砕いています」と伝えると、「それがわからないんです」と言われた。一瞬、耳を疑ったものの、それが正直な気持ちなのだなあと、ボランティアがいない現実を知らされ

表1－2　災害ボランティアセンターを通した活動者数

	1か月	2か月	3か月
熊本地震（A）	4万6687人	8万6096人	9万9010人
能登半島地震（B）	2390人	1万8523人	2万5578人
B／A（比率）	5.1%	21.5%	25.8%

出所：熊本日日新聞、2024年4月14日のデータから作成。

た。２月以降、道路の仮復旧は進み、奥能登までの道路で大渋滞が起ることはほとんどないにもかかわらず、石川県は９月の豪雨災害まで個人ボランティアは控えてほしいという姿勢を変えなかった。当初から基本的には石川県のホームページにボランティア登録した人たちだけを被災地に派遣してきた（表１－２）。

私たちは、１月半ばに、避難所でお茶出しをしながらお話するなどの活動を通して、いかにボランティアのかかわりが大切であるかをあらためて実感した。被災者の気持ちに寄り添い、その声に耳を傾けるだけであったが、「前向きになれた」と言ってくれた方もいた。災害ゴミの片付けや運搬だけがボランティアの役割ではない。災害ＮＰＯ等の専門ボランティアの力も借りて、早くから生活支援やコミュニティ形成支援などにかかわるボランティアを幅広くコーディネートしていれば、９月豪雨災害以降のボランティアの動きはより活発になったのではないだろうか。個人ボランティアを抑制する石川県のメッセージ、そしてボランティアの派遣のルートと活動内容に対する行政・関係機関の管理について、被災者の立場からの検証が求められる。

2　国主導の復興計画

石川県の能登半島地震の復興プランは、「創造的復興」の言葉を前面に打ち出している。阪神・淡路大震災や熊本地震の復興政策の最大の問題は、被災者の暮らしよりも「創造的復興」という名で大型開発を推進したことであった。石川県が同じ轍を踏まないためには、被災者の避難環境の実態を認識するとともに、今後の復旧・復興のすべての過程において一人ひとりの人権と地域の自治を基本に据えた施策を推し進めることが重要な課題となる。

他方、国土交通省は、被災自治体の復興まちづくり計画策定の支援を行うことを表明した（令和6年能登半島地震復旧・復興支援本部、第4回資料、令和6年3月22日）。輪島市など被災市町ごとに専門官クラスの国土交通省職員を地区担当として配置し、住民へのアンケート調査を実施し、計画段階から事業段階まで復興まちづくりをワンストップで継続的に支援するという。これは国主導のトップダウンの計画策定手法であり、被災者の声やニーズをもとに下から積み上げられる被災者主体の計画づくりの方法とは大きく異なる。熊本地震でも復興計画策定委員会の開催以前に益城町が熊本県に県道4車線化の要望を提出した例があった。上からの計画づくりが今回も進められつつある。

このような策定手法と同様に、2024年6月に公表された『石川県創造的復興プラン』においても、国土交通省や文部科学省の望む事業を組み合わせたような施策の柱（創造的復興リーディングプロジェクト等）が並んでいる。同復興プランは、総花的に数多くの施策を挙げてはいるものの、土木事業・公共事業に傾斜しており、能登半島の地域性を踏まえた地場産業や暮らしの復旧・復興への行政責任および住民・基礎自治体との協働による推進方策がほとんど見えない。求められているのは、第一次産業・地場産業の復旧・振興および地域医療・福祉の回復・充実を基礎に、公共住宅等の整備とコミュニティ形成・住民自治の促進を有機的に関連づけた体系的なまちづくりを国と県の責任と負担によって支えるビジョンと施策ではないだろうか。

3　自治の視点の乏しさ

被災地の復旧・復興に際して、避難所運営から復興計画づくり、その実施過程まで、被災者主体の原則を貫くことが非常に重要である。先に記した避難所の人権にかかわる状況が1か月以上もあったように、行政によって管理されるままでは人権や民主主義が確保されない。それに対して、鍵に握るのは、災害時にも平時にも主権者、すなわち当事者・住民による自治である。

国主導の復興計画と同様に、避難所運営においても被災者主体の視点が乏しいことをたびたび感じた。今日では内閣府のガイドラインにも明示されているように、避難所運営は発災後早い段階から被災者を主体とする組織が担うことが期待されている（内閣府2016「避難所運営ガイドライン」）。輪島市内には被災者が自主的に組織をつくって自治運営をしている避難所もあるが、私が関わった避難所では避難者は自分たちで清掃をしたり環境改善の話し合いをしているものの、そのような動きはなかった。また、市職員が避難者に組織づくりを促す様子をみることもなかった。

被災者は、避難所でのコミュニティをつくり、次の段階では仮設住宅でのコミュニティづくりを通して、互いが抱える課題や支援制度の問題を共有して行政交渉したり、復興計画の策定にも参加したりすることが可能になる。被災者主体の視点と実践の有無は、被災地の復興まちづくりのありようを大きく左右する。

4　地震想定の矮小化

今回の能登半島地震は、16時10分8秒から9秒に2つの地震が起こり、さらに約10秒後にM7・6が発生した。地上の揺れは連続しており、まとめて最大震度7（志賀町と輪島市）とされた。

しかし、これは想定外とはいえない。2012年3月の経済産業省原子力安全・保安院の「地震・津波に関する意見聴取会（活断層関係）」では、北陸電力志賀原発（志賀町）の審査に際し、国の研究機関「産業技術総合研究所」の岡村行信氏が能登半島北方沖の4つの活断層が連動する可能性に触れた。これを受け、北電は「連動を考慮すると、マグニチュード8・1相当になる」という試算を報告した。また、政府の有識者検討会も2013～2014年、日本海側全体の海底活断層を調査して、地震想定をM7・6としていた。

ところが、石川県の地域防災計画の地震災害対策編では「能登半島北方沖でM8・1」を盛り込まず、1997年度公表の想定を据え置いて、地震の規模を「北方沖でM7・0」とした。地震による被害も「ごく局地的な災害で、災害度は低い」とし、死者7人、建物全壊120棟、避難者数約2780人と見積もった。M8・1の試算が出たのは東日本大震災の翌2012年で、1994年から7期28年にわたって知事を務めた谷本正憲氏の在任中であった。県議会の会議録によれば、谷本氏は「震災が少ない地域」とアピールしながら企業誘致に力を入れ、北陸新幹線の金沢開業を控えて誘客に躍起になっていた[9]。想定に対する実際の被害規模は、死者69倍、負傷者5倍以上、住宅50倍以上、避難者14倍以上である（2024年12月24日現在）。生命よりも開発を優先する政治・行政が被害の拡大を招いた可能性があり、十分な検証が必要である[10]。

5　復旧・復興途上の9月奥能登豪雨災害

2024年9月21日、線状降水帯による記録的な豪雨によって奥能登は二重被災となった。死者・行方不明者は15名を数え、多くの住宅が浸水や土砂によって被災した。仮設住宅さえ浸水し、地震後になんとか居住できていた住宅も被害を受けた。2度目のまさかの災害に、多くの被災者は「心が折れそう」と語った。

この災害で浸水した仮設住宅の多くが浸水想定地域に建てられていた[11]。仮設住宅を建設する際に、行政は被災者や地元住民の声を丁寧に聴いて、どのように安全と安心の確保というニーズに応え、責任を果たそうとしたのだろうか。ここで制度とその運営の「分離・自立」タイプと「つながり・相互依存」タイプを想起すれば、前者が必要戸数の早期確保であり、後者が安全と安心を踏まえた着実な戸数確保という対策がイメージできる。「分離・自立」を基本とする対応はリスクを承知で早期建設を実現できるかもしれないが、「つながり・相互依存」タイプでは早期確保と安全確保は二項対立にはならない。行政は、地域住民とのつながりを頼りに、地域のネットワークを駆使して、浸水想定区域外に仮設住宅の立地場所を確保することを試みる。半島という地形ゆえに仮設住宅を建設できる平地が少ないというが、地域にある網の目のような人のつながりが知恵も助けももたらしてくれる。能力と業績、そして決断が重要とみられる社会では、責任とケアと対話といった価値と方法が軽視される。前者の原理にもとづく上位下達の行政組織による計画と実施は、後者の価値と方法を軽視または欠落させ、最悪の結果に至ることがある。被災者の心が折れてしまうような悲惨な結果をもたらした背景には、このような被災者のニーズへの責任と応答を果たせない「分離・自立」タイプの政策があったのではないだろうか。行政の対応におけるケアの倫理の欠如は、住民の生命・暮らしと自治の軽視と表裏一体だと考える。

災害から約2週間後、10月4日に奥能登に入った。翌日から3日間、学生3名とともに輪島市街地の住宅で泥かきや家財出しの作業を行った。河原田川から溢れた泥水は道路から1メートル80センチほどまで上がっていた。床上から1メートル程度であろうか。基礎を高くして建てた住宅では床上20センチほどに浸水痕が残っていた。地域を歩いて声をかけて回ると手伝ってほしいという世帯があった。

1月に飲料水を届けた在宅避難の世帯だった。壮年の男性で、高齢の虚弱な母親と暮らしていた。地震では一部損壊と判定された住宅は床上浸水によって中規模半壊と判定された。畳と家財道具を出されていたので、私たちは泥を土嚢袋に入れて運び出した。母親は義理の兄弟の自宅に一時的に引き取ってもらっている。自分一人なら金沢市内に出てアパートを借りて別の仕事をするだろうが、両親がここで生活したいという気持ちが強いので、自宅を改修してここで暮らしていく他ないと考えている。改修にどれだけの費用がかかるのかが心配だと言う。

別の世帯の泥かきの手伝いをしている際、「1月の地震では大きな被害がなかったのでよかったと思っていたら水害に遭いました」と肩を落としていた。他の方からは「こうなるなら地震で全壊になっていた方がよかったかもしれない」とも聞いた。大きな自宅が床上浸水した一人暮らしの高齢女性は「もうここには住めない」と語った。いまは避難所にいて、移動は診療所のスタッフに手伝ってもらっているとのことだった。

自治会長が地域のニーズを聞いて私たちに活動場所を紹介してくれた。この地域の自宅が地震で全壊し今は仮設住宅に暮らす方が家財出しを手伝うなど、地域の助け合いもみられる。浸水直後からＮＰＯ等が入り泥かきや家財出しを支援し、市社会福祉協議会の災害ボランティアセンターもボランティア派遣を続けている（２０２４年10月現在）。しかし、支援者の数は圧倒的に足りない。水害は震災以上にボランティアの数が必要である。石川県のインターネット登録のボランティアに限定して活動者の派遣してきたツケがここに来て表面化している。輪島市にて大型バスで１日１７０人のボランティア参加があっても派遣先は10世帯程度である。

浸水想定地域は再び災害を被るリスクがある。石川県は、床上浸水した仮設住宅の改修後に再び住民を戻すのではなく、浸水想定地域外の安全な土地に別に仮設住宅を建設するべきである。石川県は政府への追加支援を依頼し、国は被災地を全面的にバックアップしなければならない。

第4節　問われているもの

このような能登半島の地震からの状況、なかでも避難所や仮設住宅の様子は、今日の日本社会の縮図ではないだろうか。そこでは何が問われているのだろうか。

1　生存ライン未満の環境

私は1月に避難所に6泊した経験から、被災者は生命の保障のない環境に置かれていると実感した。寝袋と毛布にくるまっても身体は寒く、顔の表面を刺すような冷たさに神経が常に抵抗しているようで寝つけなかった。ダンボールベッドもパーテーションもなく、傷んだ体育館の隙間風を防ぐための目張りもなかった（目張りは1月中旬を過ぎて県外からの派遣職員が行った）。持病をかかえた高齢者が体力と免疫を維持するのは困難だと思われた。石川県の災害関連死を月別にみると、1月に53件と75％を占める（7月6日までの認定件数）。また、輪島市の救急搬送件数は、1月が288件、2月が18件、3月が11件、4月が7件と推移している。この数字は発災から1か月の避難環境がいかに過酷であったかを表している[12]。

この状況に避難者は耐えていた。他方、金沢市内の1・5次避難所や2次避難所である県内外の宿泊施設へと移動した人もした。「ここを離れたくないが……」「ここにいても不安で先が見えない……」「どこでも生活していくつもり……」と複雑な心境を語り、次第に輪島市を離れる人が増えていった。そこには避難所にいても過酷、離れてもその先が不安という状況があった[13]。

仮設住宅については、コンクリート基礎の木造仮設が全体の2割強ほど建設され、プレハブ仮設もかつてに比べ居住性能は高まっている。しかし、輪島市では2人世帯を1Kに入居させているため、狭い仮設住宅の問題を増幅させている。20㎡で4畳半の1Kに2人では、到底、健康で文化的な最低限度の生活とはいえない。上述したように、輪島市では、建設型仮設に入居しているほとんどの世帯が住生活基本計画に示されている最低居住面積水準を下回っている。仮設といっても2年から長い人で4年以上も暮らす、生活再建の拠点となる大切な住宅である。私たちの社会はいつまで被災者に生存権水準未満の環境を強いるのだろうか。

2　自尊・他者尊重の社会的基礎の条件整備の乏しさ

過酷な環境の避難所で、高齢の避難者の方々のなかに、いつも輪になってパイプ椅子に座り、おしゃべりをしている人たちがいた。高齢者の女性中心の8人ほどの輪があり、高齢男性数人の小さな輪もあった。私は、避難所内でお茶出しをしながら、その方々と時折おしゃべりをした。「カラオケ仲間を地震で亡くして寂しい」と涙を浮かべる方、「今回の地震でお店をやめようと思う」と悲しげに語る人もいた。それぞれに悲しみと不安をかかえていた。それでも、それだからか、互いに声をかけあい身体を気づかっていた。避難者の多くは、避難所の周辺地域の住民であり、顔見知りも少なくない。普段のつながりには濃淡あるだろうが、1か月以上のパーテーションのない雑魚寝を乗り越えた人たちにとって、避難者同士のつながりが支えになったに違いない。避難所運営にあたる避難者組織はなく、避難者が環境整備などに積極的に動く様子はなかったが、避難所内の雰囲気は落ち着いているように感じた。私たちは、被災後を生きる人たちに学び、これを生かすことが必要である。

私は、これまでの被災地で、人と人との関係が被災後を生きる人たちの支えであるとともに、実際には人と人との関係性の切断が起こっていることを感じてきた。災害が起こると、避難場所での生存条件が確保されず、在宅被災者は放置され、仮設住宅入居後の孤立が広がり、健康を悪化させ、生活再建の困難に直面するなどの問題が生じる。この現実に横たわっている基本的問題の一つは、人を人として尊重する相互の関係性が断たれていることにあるのではないかと考える。

ロールズは、合理的な人間であれば誰でも欲すると推定されるものを「基本財」として、自由と機会、所得と富とともに、自尊の社会的基礎をあげている（ロールズ1999＝2010：86）。自尊は他者や社会とのかかわりを通して得られるものである。自尊の社会的基礎とは、心の通いあう人とのつながり、すなわち相互承認の関係と表現してよいだろう。日本では、自尊の社会的基礎としての相互承認の関係を基本財として社会的に確保あるいは保障するといった見方は乏しく、ほぼ個々人に委ねられている。

災害が起こると、それが否応なく目に入ってくる。生存権を有する国民が生存ライン未満の環境に置かれていることを、政府・自治体が認識しながらも、またメディアを通して多くの国民が知りながらも、後手後手の対応となり必要な対策や支援が滞る。関係的存在としての人間に必要な自尊の社会的基礎に対して、政府・自治体が責任をもたず、国民の多くもこれに無関心であれば、被災者は社会のなかで孤立し、頼れるものは自分自身しかなく助けを求めることをさえも諦めてしまう。人間は一人で生きているのではなく、関係的存在であることを痛感すると同時に、その社会的基礎に対する支援や保障がない、あるいは乏しいことに気づかされる。私たちの社会に問われているのは、被災後だけでなく平時から、基本財を構成する市民的権利、政治的権利、社会的権利に、自尊を支える相互承認の社会関係を位置づけ、これを社会的・公共的に確保し保障することである。

3　「分離・自立」から「つながり・相互依存」へ

災害は多くの人たちを一度に困難な状態に追いやる。それと同時に、人々が互いを尊重し助け合う関係をつくる機会ともなる。その関係を制度として促し、職場や地域として取り組むことが、連帯と自治の力を高める。実際に被災者・住民には、社会関係・つながりの切断と自尊の毀損に抗い、一人ひとりの尊厳を守り自治を形成しながら、生活再建と復興への制度等を改善しようとする営みがある。ところが、自治体復興計画や地域防災計画の策定過程、その後の復旧・復興のまちづくりにおいて、民主主義のプロセスは軽視され、上からの開発主義のまちづくりが進められることが多い。それは人々の社会関係を基礎とした自尊と他者尊重、連帯と自治を人々から奪ってしまう。

阪神・淡路大震災からこれまで、被災者の生活再建と地域の復興過程で繰り返される問題の根っこには、人間の認識の問題が横たわっていると考える。ギリガンが「ハインツのジレンマ」において男女の道徳的認識の違いを描いたような、論理的思考・問題解決行動に対する文脈的思考・関係修復的ケアの違いが手がかりになる（ギリガン１９８２＝２０２２：第2章）。階層と業績に重きを置く今日の社会において一般的に優位なのが、依存よりも自立、つながりよりも分離、かかわりよりも個人、個別事情とコミュニケーションよりも論理と法、責任（助けられるのに助けないなどの不作為をしないという意味）よりも権利（他人の権利を侵害することなく自らの権利を行使するという意味）である。この社会で「自立」を促すことは、その過程においても、結果においても、つながりやコミュニケーションを絶ってしまう。つながりを断つことが自立につながるとは明言されなくとも、これら論理における「自立」や「復興」とは、一定の経済的条件のある世帯が住宅と生活の再建を叶え、地域の産業・インフラなどが回復し活気を取り戻すケースである。それは人間や社会の認識の質的な深まり、ケアの倫理の共有と実践の広がり、誰もが安心して暮らせる社会の実現とは必ずしも重ならない。

気をつけなければならないのは、今日の社会におけるケアの倫理の陥穽である。パターナリスティックで管理的で、ジェンダー化された無私・無償あるいは低賃金での支援や世話（ケア）を強いるのは、家父長制が支配的な社会におけるケアの倫理である。一方、民主主義におけるケアの倫理は、主に女性に背負わされる無私・無償のケアではなく、誰一人として排除されない誰もが安心して暮らせる社会の倫理であり、ケアを必要とする人たちもケアする人たちも尊重する人間の倫理である。これまでも現在も私たちの社会ではなおも前者の特徴が色濃い。それは、災害後の復旧から復興の過程、避難から生活再建に至る過程において、被災者やコミュニティが十分に尊重されない原因の一つであり、私たちはこれを変えていく必要がある。その過程に伴うコンフリクトやジレンマに対しては、法と制度の活用にとどまらず、互いの声が相手に届くと信じつつ、当事者・関係者同士のつながりを築き、対話を重ねることが求められる（ギリガン１９８２＝２０２２：１０７）。

私たちは、人々の声に寄り添いこれを聴き、そのニーズに責任をもって応答し、つながりを継続的に大切にするケアの倫理と実践に満ちた社会をイメージしたい。次の章では、これからの社会を支えるケアの倫理と密接に関係する避難所の実践事例を取り上げる。

注

1　珠洲市の認定件数60件は人口1万1721人に対して0・51％、能登町の認定件数51件は人口1万4277人に対して0・36％である。北國新聞、2025年2月14日より。

2　国は災害関連死を次のように定義している。「当該災害による負傷の悪化又は避難生活等における身体的負担による疾病により死亡し、災害弔慰金の支給等に関する法律（昭和48年法律第82号）に基づき災害が原因で死亡したものと認められたもの（実際には災害弔慰金が支給されていないものも含めるが、当該災害が原因で所在が不明なものは除く。）」（内閣府、事務連絡平成31年4月3日）。この定義のように、災害関連死は何らかの理由で災害弔慰金を支給されていないものも含んでいる。

3　ＮＨＫの調べによると、石川県内の災害関連死の２０１人を分析した結果、体調が悪化した場所は最初に身を寄せた避難所が68人と最も多かった。次いで、介護施設66人、自宅40人であった。ＮＨＫ石川ＮＥＷＳ ＷＥＢ「災害関連死　県内２０１人分析　体調悪化最初の避難所が最多」（https://www3.nhk.or.jp/lnews/kanazawa/20241226/3020022714.htm）。

4　内閣府の「避難所運営ガイドライン」（２０１６年4月、２０２２年4月改定）の12頁では、「避難所は、在宅避難者支援の拠点としての役割も求められます。生活物資・食料支援など、地域との連携も視野に、支援の仕組みを検討しておきましょう」とある。なお、内閣府は、２０２４年12月13日に「令和６年度能登半島地震を踏まえた災害対応の在り方について」やスフィア基準等を踏まえて自治体に対して通知している「避難生活における良好な生活環境の確保に向けた取組指針」、「避難所運営等避難生活支援のためのガイドライン（チェックリスト）」、「避難所におけるトイレの確保・管理ガイドライン」を改訂した。右記のガイドラインを引き継ぐもので、在宅避難者の支援拠点としての避難所の役割についても同様である。

5　当時、１・５次避難所（金沢市内）、２次避難所（県内外）への移動を、「ミステリーツアー」と呼んでいる避難所の被災者らがいた。どこに行くかを知らされないまま、不安を抱えて、１次避難所を離れる決断をしなければならなかった。

6　北國新聞、２０２４年11月9日。

7　国土交通省『住生活基本計画』の２０１６年版以前の「別紙4最低居住面積水準」において「次の場合には、上記の面積によらないことができる。①単身の学生、単身赴任者等であって比較的短期間の居住を前提とした面積が確保されている場合」とある。この部分が、同計画の２０２１年版から、「次の場合には、上記の面積によらないことができる。1単身の学生、単身赴任者、被災者、失業等により収入が著しく減少した者等であって一定の期間の居住を前提とした面積が確保されている場合」と変更された。新たに被災者が加わっている。

8　内閣府は２０１７年に災害救助法の基準を改正し、応急仮設住宅の床面積を定めた標準規模（1戸当たり29・

7㎡）を撤廃した。これまで国基準を超える場合は、そのつど内閣府との協議が必要だったが、これによって災害救助法の実施主体である都道府県の裁量が広がった（熊本日日新聞、2017年4月26日）。

9　東京新聞Web 2024年1月15日、「M7・6は『想定されていた』　能登半島地震の活断層は「未知」でもなかった？　周知や対策はなぜ遅れた」https://www.tokyo-np.co.jp/article/302805（2024年3月1日確認）、東京新聞Web 2024年1月18日、「石川県『能登でM8・1』試算を知りながら防災計画は『M7・0』想定　知事は『震災少ない』と企業誘致に熱」https://www.tokyo-np.co.jp/article/303471（2024年3月1日確認）。

10　地震前の輪島市地域防災計画「地震災害対策編」の地震想定も石川県と同様にM7・0であった（輪島市防災会議、2022年12月修正版）。輪島市における発災前の配備食数は、5400食（非常食1800×3食、保存水1800人×3ℓ）であった。1800人分の備蓄は県と市の避難者想定（1085人）にほぼ対応した数である。輪島市長の坂口茂氏は、地震後、実際の「最大避難者数は1万3600人を超えたため、プッシュ型での食料が届くまでの期間、不足が発生した。」「備蓄の想定数量の変更と配備場所の再検討が必要である。」と食料不足と想定不備を認めた。確かに正月休みで帰省している人が多かったこともあるが、食料はあっという間に底をついた（段ボールベットやパーテーションも設置が遅れた）。これらは、朝日新聞、2024年2月1日、「（検証　能登半島地震）見直し阻んだ『安全神話』　07年、被害最小限『裏目』」の輪島市長・坂口茂氏のコメント、また、同氏による「令和6年能登半島地震における災害対応の総評」（令和6年能登半島地震を踏まえた災害対応検討ワーキンググループ第3回、2024年8月7日、内閣府資料 https://www.bousai.go.jp/jishin/noto/taisaku_wg_02/pdf/siryo3_1_2.pdf）に基づく。

11　2024年7月31日時点で、「能登半島地震で被災した石川県内の9市町で建設・入居が進む仮設住宅の建設用地148カ所のうち、6割弱の85カ所が、豪雨での土砂災害や洪水浸水、津波による浸水などのリスクが懸念される区域にあること」が判明していた。北國新聞デジタル、2024年8月1日（https://www.hokkoku.co.jp/articles/-/1476533、2024年10月30日確認）。

12　石川県の2024年4月までの避難所からの救急搬送数は771件、そのうち1月が676件であった（202

4年5月15日、北國新聞デジタル https://www.hokkoku.co.jp/articles/-/1399758、2024年6月1日確認)。1月の輪島市の324件は人口比で1・5%にあたる。

13　1次避難所の環境の劣悪さが2次避難所等へと移動させる流れをつくった。このことも含めて、私は、避難所の備蓄不足と過酷な避難環境が、在宅避難や車中泊、ビニールハウス避難、そして2次避難という形で、大量の被災者を避難所外、そして被災地外に追いやったとみている。極めて劣悪な避難環境は、1次避難所および被災地に留まることができない大量の「避難所難民」「被災地難民」、そして多くの災害関連死をもたらした。これらは誤った被害想定と、2000年以降に2度の大きな地震を経験しても想定を改定せず、備えを怠ってきた政治行政の不作為の結果と言わなければならない。

第2章　住民自治による避難所運営―熊本地震の実際と教訓

第1節　住民自治の実際

1　熊本地震直後

1　震度6強の揺れ

2016年4月14日と16日に熊本県・大分県を襲った最大震度7の大地震は、私たちの地域と暮らしに大きな被害をもたらした。私にとっては熊本市東区の尾ノ上《おのうえ》小学校区に居住して12年目の被災であった。14日の前震では自治公民館の床に横たわり自治会役員や独居高齢者等とともに夜を明かした。尾ノ上小学校の体育館でも不安な気持ちで一夜を過ごした避難者がいた。

15日の8時過ぎに、12歳になったばかりの長男と自転車で益城町に向かった。市内から九州自動車道のガードを過ぎた辺りから、目に入ってくる倒壊した住宅や倒れた自動販売機に驚き、県道の隆起や陥没を避けながら役場前に到着した。隣接する益城町社会福祉協議会の事務所に入ると、大小すべての棚は倒れ、パソコン等も床に落下し、書類なども散乱していた。事務所の片づけを手伝って一段落すると、昼すぎには熊本県社会福祉協議会から職員数名が来所し、災害ボランティアセンター設置の打ち合わせが始まった。その後、商工会が配布していたペットボトルの水やタオル等を、自転車を使って、被災し呆然としている役場周辺地域（木山や宮園）の住民に届けた。

翌16日も益城町に向かうつもりだった。だが、16日の深夜、1時25分、震度6強の本震が襲った。すぐに外に飛び出して余震が収まるのを待った。しかし、余震が続くため、車に飛び乗り、急いで（車で1分の場所にある）尾ノ上小学校の運動場に避難した。次々に入ってくる車ですぐに運動場は一杯となった。私を含めて何人かの住民が車の誘導を行った。その夜は余震に怯えながら車の中で過ごした。この本震で自宅は停電・断水となり、学校も断水しガスも止まった（**写真2－1**）。

16日の午前9時頃、小学校に隣接している錦ヶ丘公園での防災用の水の配布の列に並んだ（**写真2－2**）。私は3時間近く並んだ末、正午近くにようやく1人3リットル分の水をもらうことができた。しかし、私の後ろにはまだ百人ほどがいて、その人たちは水の配給を受けられず、呆然と立ち尽くしたり、ショックでひざまずいている人もいた。駆け付けた市職員から再び15時に配給しますと伝えられ、その時間にも長蛇の列ができた。このままでは被災者は心身ともに消耗してしまうと危機感を持った。昼ごろ、学校のグランドに戻り、しばらくすると、子どもたちが校舎内で配給された菓子パンを持ってきた。このときも長蛇の列ができて、1時間並んでも何ももらえない人がいた。消耗戦のような状況で何かをしなければと感じながら16日の夜は開放された教室で休むために校舎に入った。日没後、その後の避難所運営がはじまるきっかけとなる出来事があった。その前に尾ノ上校区の地域の特徴について触れておく。

2　地域の特徴

熊本市東区にある尾ノ上小学校区は、西側は中央区に隣接しており、市の中心部からも遠くない、利便性のよい住宅地である。人口は約1万3000人、世帯数は約5500世帯である（表2－1）。

写真2－1　熊本市立尾ノ上小学校

写真2－2　防災用の水の配布に並ぶ人たち

国勢調査の小地域集計をもとに地域の特徴をみると、世帯構成は市の平均値に近いが（単身が34・6％、夫婦と子が29・1％）、三郎2丁目や京塚本町では65歳以上のみの世帯がそれぞれ32・2％、24・4％と相対的に高く、高齢者世帯が増えている。[1] 居住期間は20年以上が22・3％と市の平均値並みであるが、地区別にみると錦ケ丘や尾ノ上（1～4丁目）では居住期間5年未満が4割前後と新

表2−1　尾ノ上小学校区の人口・世帯数（町丁目別）

校区・町丁名	人口（人）	世帯数（世帯）
尾ノ上校区	12,987	5,466
京塚本町	1,635	685
錦ケ丘	1,393	556
三郎1丁目	683	285
三郎2丁目	862	374
東京塚町	930	403
尾ノ上1丁目	2,006	917
尾ノ上2丁目	1,701	671
尾ノ上3丁目	1,399	579
尾ノ上4丁目	2,378	996

注：平成22年10月1日現在。
出所：総務省『国勢調査』平成22年。

規の転入者が多い。これらの地域ではマンション、アパートがそれぞれ68・5%、72・3%と著しい。雇用者（役員含む）の割合は86・3%と高く、産業別では「卸売業、小売業」が市平均と同様にもっとも多いものの、「公務」「学術研究、専門・技術サービス業」が平均値を若干だが上回っているように、安定的な階層も少なくない。地域活動やまちづくりの活動は、自治会、ＰＴＡ、体育振興協議会、老人クラブ、民生委員・児童委員（以下、民生委員とする）など、各組織・団体が協力・連携して比較的活発である。校区単位では毎年秋に「尾ノ上まつり」、1月には「どんどや」、隔年で校区運動会が行われている。高齢者らが中心になって子どもの見守りや交通安全に活発に取り組む「オバパト隊」の存在は市内ではよく知られている。自治会ごとにもお祭りや清掃活動、ふれあいサロンなどに取り組んでいる。以上のように、尾ノ上校区は、市の中心部と郊外地域との中間に位置し、生活条件に恵まれている。その中で、居住年数が長い比較的安定的な階層と転入してきた若年・壮年層を中心とした不安定な階層が混在している。

以下では、このような地域において、私が経験した小学校の避難所運営の実際を記述する。私自身は避難所に泊まったのは8日間であったが、帰宅後もゴールデンウイーク明け（5月9日）まで毎日避難所に通い、朝から夜まで避難所の運営にかかわった。場所も時期も限定して、震災から避難所が閉鎖されるまでの尾ノ上小学校を拠点とした1か月半の活動の様子を詳しく描き、住民自治の避難所運営の実際と教訓について論じる。

2　自治組織の立ち上げ

1　決定的に重要だった最初の呼びかけ

4月16日の夜、尾ノ上小学校の避難者は1000人に達していただろうか。夜7時頃、校内放送があった。「避難所の運営のためにボランティアができる人は校舎の昇降口に集まってください」という長尾秀樹校長からの呼びかけだった。私はすぐに南校舎3階の6年3組の教室から1階に降りた。50人ほどが集まり、校長とPTA会長が短く話した。PTA会長の土岐正人さんは皆を元気づけるように「こういうときだから皆さん、力をあわせて行きましょう」と語った。役割分担等は翌日に再度集まって決めることを伝えて、その場はすぐに解散した。その後、私は、校長とPTA会長や役員（OB含む）とともに校長室に入って、避難所運営の班編成等や水の確保、学校の設備の使用などについて打ち合わせをした。住民主体の運営組織づくりのきっかけは、16日の夜の校長の呼びかけだった。このことは住民自治の始動にとって決定的に重要な出来事であった。

地震から半年後、私は、長尾校長にあの時なぜボランティアへの参加を呼びかけることができたのか、と尋ねた。16日の昼に物資（水や食料）が足りず、日曜日だったので職員（教師）も少なかった。夜になり、「これからどうなることだろう、ボランティア組織をつくった方がよいのではないか」と考えて、4人ほどいた職員に聞いてみると、やはり必要という意見だった。その職員らはボランティア経験のある人たちだった。その日、学校に詰めていた市の行政職員とＰＴＡ会長に相談してもらい、ボランティア組織づくりに賛同してくれた。もしも周りに相談せずに一人だけで考えていたら、呼びかけることはできなかった、と語った（**写真2－3**）。

写真2－3　校長室での会議

ここで避難所の避難者数の推移を記しておくと、本震直後の初日（16日）には約1000人、2、3日後には1300人を超えた。5日目には約600人、6日目には約500人、約7日目には400人と次第に減った。その後は300人から200人ほどが続き、10日後には約180人になった。約2週間後（29日）、それまでは校舎と体育館を使っていたが、体育館に避難場所を限定したところ、都市ガスの開通もあって避難者は100人となり、その後ゴールデンウイーク明けまで40人ほどで推移した。

2　6つの班による運営

翌4月17日の朝、校長室に集まったＰＴＡ役員を中心に、小学校の防災倉庫から取り出したアルファ米に水を入れ避難者に提供した。午前10時ごろ、ボランティアができる人たちに教室に集まってもらい、班編成を行った。前夜に打ち合わせした通り、班構成は、全体の総務的役割を担う「調整班」（校長・教頭・PTA会長）、食事づくりを担当する「食事班」、断水のためプールから水を汲み、トイレの前にバケツを置くなどの「雑用班」、医療・介護が必要な人をケアする「救護班」、授乳室の整備等にかかわる「女性班」、運動場を埋め尽くしている車を整理するなどの「運動場係」である。避難者は黒板に書かれた班の名前の下に自分の名前を記入した。食事班の班長のなり手がいなかったため、PTA会長が私を指名した。本震翌日の17日に早くも避難所を運営する避難者による自治組織ができた。この組織が1月半の避難所運営の軸となり、後述するような円滑な運営を可能とした。

3　班をつくりコミュニケーションができる

1　班ごとに世話人を選ぶ

私たちは6つの運営班に加えて、体育館と教室それぞれに避難している人たちの中から世話人を選んでもらった。校舎では教室ごとに、体育館では10班に分けて班ごとに1人の世話人を決めた。世話人の役割は主に食事を配る際に、日々変動する班の食事数を数えて、校舎の昇降口まで取りに来ることである。もちろん1人では運べないため、班員2、3人とともに、24本入りのペットボトルの水が入っていた箱を使って作った「段ボールトレイ」に、おにぎりやみそ汁など載せて各班に持ち帰った。

2　列に並ぶことなく食事を受け取れる仕組み

世話人が中心となって朝夕の食事ごとにお互いに声をかけて人数を把握した。朝から仕事等で出かけて夕食時や夕食後に避難所に戻る方の場合、同じ班の世話人に食事の確保を依頼するなどした。高齢者や障害のある人たちなど、さまざまな避難者がいる中で、配給に並ぶのは世話人だけであるため、長い列ができることがなく、スムーズな食事の提供ができた（写真2－4）。

写真2－4　「段ボールトレイ」をもつ世話人

後に（9月のこと）、ほぼ同じ人数の避難者がいた別の公共施設に避難していた方に聴き取りをしたところ、数週間の間、毎食、配給の列に2時間並ばないとおにぎりをもらえなかった（2食並べば1日最長4時間になる）。また別の避難所では、「列に並べない認知症の母親の分もください」とお願いしたところ、「並ばない人には渡せない」と断られたという。そのような対応に傷ついたり、列に並べず水や食事の受け取りをあきらめたりして、避難所に居ることができなくなり行き場に困った人も多かっただろう。長蛇の列がどれほど被災者の心身を疲弊させるかを16日に経験していたので、この仕組みをつくったことによって避難者数のピーク時（1300人強）にもそれを避けることができたことは本当に良かった。

3　プライバシーの壁も低くなる

このように班をつくることで、自然にコミュニケーションが生まれ、お互いに声を掛けあい、気遣うことができた。私自身が寝ていた教室にも3家族か4家族が同居していたが、世話人を置いてコミュニケーションを取っていたので、プライバシーがほとんど気にならなかった。ほとんどの人が2～3週間程度の避難生活とそれほど長期でなかったせいもあるが、避難した人たちはあまりプライバシーを気にすることはなかった（その証拠として体育館内に段ボールの仕切りを求める声は少なかったし、仕切り設置はごく一部に限られた）。震災から5か月が過ぎたころ、同じ町内に住む高齢者から「避難所ではお世話になりました。体育館の一番奥に10日間避難していましたが、皆さんとよくお話ができたので家に戻るときは別れ惜しかったです」と言われて、この仕組みの良さを確信することができた。

4　朝夕に手づくりのあたたかい食事を

1　有機農家等とのつながりで食材を確保

4月17日の朝食は小学校の防災倉庫内にあった水とアルファ米でつくったおにぎりを配った。17日と18日の朝はアルファ米やパンを提供する他なかった。17日に食事班の班長に指名され、さっそく山都町《やまとちょう》で農業・畜産業を営む坂本幸誠さん（熊本県有機農業研究会会長、心の会事務局長、当時）に連絡し、米100kg（無農薬米）を届けてもらうことをお願いした。18日、坂本さんは米に

写真２－５　工夫をこらした温かい食事

加え、炊飯用にと、プロパンガスと大きなコンロも運んできてくれた。18日、隣の錦ヶ丘公園に自衛隊車両が炊飯設備を持ってきたため、炊飯を依頼し引き受けてもらった。あわせて野菜や肉を調達した。18日の夜から、炊き立てのご飯でつくったおにぎりと温かい豚汁を配給することができた。その後は、避難者の知り合いからも米や野菜が届けられた。その他の野菜や味噌・醤油などの調味料はスーパーで購入した。みそ汁やカレー、スープなど毎日温かいものをおにぎりと一緒に必ずつくって提供することを続けた（**写真２－５**）。被災者がお互いに元気になるには食べることから始まると考えたからである。

２　食事班と先生方、ボランティアの協力とその効果

食事班の中心は女性陣だった。とくにレイヴィン亜希子さんはメニューの考案や調理まで頼れる存在であった（後半は実質的な班長をしていただいた）。小学校の先生方も調理から配食、片付けまで、自分の仕事の手を止めて、積極的に参加してくださった。中学生や高校生、専門学校生、大学生も調理ボランティアに加わった。尾ノ上小学校出身の生徒・学生が多かった。避難者の中にも、「私にも何かさせてください」と食事班のメンバーでなくとも調理に参加してくれる人が少なくなかった。

毎日の食事づくりは、避難者、学校の先生方、ボランティアなどのお互いのコミュニケーションを深め、チームワークを強めてくれたと感じる。また、食を通して、避難者一人ひとりの心身の健康の維持、体力・免疫力の低下の防止につながったと考える。そのような取り組みは、避難所であっても（だからこそ）、一人ひとりの生活と健康を大切にする、そのためにお互いに協力し合うという、避難所全体の雰囲気をつくる上で積極的な効果があったのではないかと考える。「お元気ですか？」と尋ねると、「はい、ここは食事がいいからね」と答えてくれる避難者もいた。

3　家庭科室など小学校の設備がフル稼働

避難所の生活と避難所の運営にとって、小学校の施設・設備のほぼすべてを利用させていただいたことも大きかった（ひまわり［特別支援］学級の教室や理科室などは閉じていたが、その他のほとんどの教室と体育館を利用できた）。毎日、温かい食事を提供できたのは、家庭科室のおかげであった。9つの調理台に洗い場とコンロがあり、いくつもの大きな鍋を使うことができた。もちろんんまな板や包丁など道具も一通りそろっている。当初、給食室（調理場）が使えないかと考えたが、都市ガスは4月末まで広域で使用できなかったため、利用をあきらめざるを得なかった。一方、家庭科室はプロパンガスであったため当初からフル稼働することができた（**写真2-6**）。

食事を配給する前には、学校の放送設備を使わせていただき、マイクを通して、メニューを紹介し、世話人の方に昇降口等に取りに来てもらうように呼びかけることができた。後述する小学校のボランティアセンターでも、学校に備えられている、一輪車やスコップ、バール、ハンマーなどを活用した。

小学校や中学校は災害時の避難所としてもっとも身近で頼りになる施設である。被災地では、耐震強度不足のために、施設が危険な状態となり、発災後に利用できない場合もあった。十分な耐震強度を確保した耐震化によって避難所として利用できる状態に整備し、いざ災害が起こったときは、（今回のように学校がすぐに再開されない場合）学校のほとんどの施設・設備を避難者に開放することができれば、避難生活の場所として十分に機能できる。体育館のみを避難所として校舎は開放しなかった（利用を認めなかった）という自治体や公立学校もあった。特に人口が多い住宅地域では、被災直後から被災者の健康と生活を守るために、小・中学校等の施設・設備をできる限り被災者に開放することが必要である。

写真２－６　家庭科室での調理

5　救護班の活動、障害のある人や高齢者、乳児などの支援

1　救護班によるサポート

救護班は、保健室を拠点に、避難者の看護師・花澤眞理さんをリーダーとして、近隣の医師、養護教諭（田中恭子先生）が担当した。また、校医の比企医師と学校の近所に住む片山医師が毎日の

ように来校し、救護班の一員として避難者を診てくれた。救護班は、校内を巡回し、気になる方の状態や対応をノートに記録し、そのノートを共有した。校庭や隣接の錦ヶ丘公園にて車中泊している方にも、声を掛けて回り、血栓の有無を見ながら弾性ストッキングを提供した。当初は水が出ず消毒スプレーさえ不足するなか、避難者の体力低下や脱水・感染症の不安を抱えながらも、チームによる医療・看護が確保されていたので、避難者にとって安心感があった。その陰には、とくに最初の1週間、筆舌に尽くしがたい救護班の苦労があった。

ボランティア看護師の花澤さんによると、4月16日（土）の夜の嘔吐への対応に始まり、避難者の健康状態の把握およびさまざまな訴えへの対応など、当初から多忙を極めた。血圧が気になる方が多数あり、測定するとほとんどは平常時よりも30ほど高かった。最初の数日間で、肋骨骨折の疑いのある人、退院直後で肺炎の疑いのある高齢者、正座して微動だにせず声かけしても反応のない高齢者、睡眠時無呼吸症候群の方などに対応した。救急搬送したケースも2件あった（てんかん発作の持病を持ち言葉が出ずただ震えている高齢者等）。単身で避難し健康が悪化した方の場合、身元確認や息子等への連絡も行った。

5日目に市民病院の医師・看護師やＤＭＡＴ（災害派遣医療チーム）等の医療チームが次々と訪ねてきたが、具体的な連携の提案、その後の実際のサポートは何一つなかった。訪問者間の連携も皆無だった。救護班のリーダーの花澤さんは16日からの5日間、気を張っていたこともあって、ほとんど寝ることがなかった。「保健室の明かりだけでも消さずにおけば避難者は安心すると思っていた」と、心身に無理をして深夜も看護体制を守った理由を語った。救護班の最初の１週間の「修羅場」は、高齢者や障害者、疾病を抱える人を受け入れた避難所での共通する経験であったに違いない。このような実態を踏まえると、行政職員（熊本市および他の政令指定都市の職員）が毎日交代で避難所に派遣されたように、医師および看護師も同じように派遣される必要があった。この点は、一般避難所での避難者の医療・看護ニーズに応えるために（そこに福祉避難所の機能を持たせるのであればなおさら）、避けて通ることができない非常に重要な課題である。

2　障害のある方々の環境確保

前述のような疾病のある人たちの他にも、避難所には、車椅子を利用している高齢者が２人、視覚障害の方が１人、パニック障害等の精神面の障害・疾患のある方が数名、乳児連れの方が数名など、何らかの支援が必要な方も避難されていた（正確な人数は確認できていない）。

車椅子の方はいずれも家族同伴であり、一人は体育館、もう一人は教室で生活されていた。体育館にはバリアフリーのトイレがないため、校舎内の身障者用トイレを利用された。視覚障害の方は盲導犬を連れて家族とともに避難されていた。避難所に来られた際は教室に入り、４月末に教室が閉じられた際には、避難者の数が減り十分なスペースが確保できるようになった体育館に移られた。

精神疾患のある方で家族や友人を含め10人ほどの集団で来られた方には、一つの教室に入っていただいた。当初は他の家族と同室であり、本人から落ち着かないという訴えがあったために別の教室を確保した。一方、単身の精神疾患のある男性は、体育館の同じ班にいた他の男性と親しくなり、一緒に支援物資や食材の運搬に参加されていた。

当初は慣れない避難生活の中で誰もが程度の差はあれ不安やストレスを抱えていたはずである。震災半年後、養護教諭の田中先生に当時どのような相談があったかを聞いたところ、精神疾患のある人たちから、周囲の人となじめないとか、ストレスで人に当たりたくなってしまうといった相談があったと言われた。私は田中先生がそのような訴えに丁寧に傾聴して支えていたことを後で知った。

3　元気になった

このようなサポートや前述の救護班の粉骨砕身の活動もあって、総じて、障害のある方々の表情は明るく、とくに精神疾患のある方々は落ちついた生活を送っているように見えた。経済面の厳しさや孤立などの日頃の生活を推しはかってみると、彼（女）らは、避難所での生活は不便であっても、活動への参加（地域での役割を得たこと）、人との交流や助け合いによって元気になったのかもしれない。

五十肩のために腕を肩以上にあげることができず、長年、リハビリをしているが治らなかったという男性は、避難所で周りの人と協力して活動したことがよかったのか、避難生活の終わりごろに、「肩が上がるようになりました」と実際に上げて見せてくれた。

避難当初から落ち込んだ表情の女性（50代）はいつも一人でおられた。本震から約2週間後に、その方からボランティア派遣の依頼があった。住むことはできるマンションだが、地震の揺れが恐怖となって自宅に入ることができないので付き添ってほしいという訴えだった。この女性は最後の最後まで避難所に残っていたが、ボランティアを派遣するたびに元気になり、自分1人でマンションの部屋に入って片づけられるようになり、全く別人のように表情も明るくなられた。

避難所にいた子どもたちは、友だち同士でよく遊んでいた。ゲームをしたり、テレビを見ていた時間もあったが、食事づくりや配膳、掃除など、自分ができることをよく手伝ってくれた。地震から約3か月後、尾ノ上小学校の新1年生のお母さんと話をする機会があり、地震後の状況を尋ねると、夫は公務員でいつも留守なので娘と2人で自宅に居てじっとしていました、という返事だった。避難所に子どもの遊び場を設けて、地域の子どもたちに来校を呼びかければよかったと悔やんだ。

他にも避難所の生活を通して元気になられた方がいたかもしれない。もちろん私が気づかなかっただけで、震災のショックに打ちひしがれ、余震の不安、慣れない集団生活のストレスに苦しんでいた人も少なくなかっただろう。それでも、コミュニケーションと交流と協力を大切にしたので、私たちの小学校は「元気になれる避難所」に近づけたのではないかと思っている。

6　物資と食事を地域で配る―避難所は復旧・復興の一つの拠点

1　避難者だけでなく地域全体が被災

新聞報道では避難者の数が発表されるが、当然ながら避難者だけが被災者ではない。避難所に来ることができない人、痛んだ家で不安にじっと耐えている人、被害は軽いものの揺れのショックや余震の不安におびえている人など、軽重の差はあってもすべての地域住民が被災者だと考えた。発災後数日間、避難所の物資は不足したが1週間後には十分に届くようになった。そこで、地域の被災者を少しでもサポートするために、ペットボトルの水やパン、おにぎりなどをリヤカーに乗せて地域に運び、拡声器で案内して配ることにした（**写真2－7**）。家庭科室でつくったみそ汁も台車で運び、地域に提供した。実際に物資を持って行くと、戸建住宅や市営住宅、アパート、マンションなどから住民が出てきて喜んで物資を受け取られた。「尾ノ上小学校からです」という呼びかけに、安心感もあるのだろう。困っていることや不安なこともいろいろと話してくれた。その様子から、コミュニケーションを通して、在宅被災者の方が、避難所との接点があるという「つながり」を少しでも感じてもらえるのではないかと思った。とくに市営住宅には生活の困りごとや不安を抱えている人たちが多いため、何度も何度も物資を運んだ（ただし小学校から遠い灰塚団地には出向けなかった）。その際、取りに来られた住民が近所の気にかかる方に物資を届けてくれるなどの気配りも見られた。

写真2－7　水や食料の配布を拡声器で呼びかけ

2　支援拠点としての避難所

地域での物資の配布には、このようにいくつかの目的があった。一つは避難所が地域の被災者全体にとっての支援の拠点としての役割を果たすこと、二つには地域に出向き地域を歩くことで在宅被災者の実態やニーズを把握すること、三つにはコミュニケーションと交流を通して安心感と信頼感を共有すること、四つにはそのようなかかわりを通して地域づくりの活動に少しでも多くの住民が（いずれは）参加する可能性を耕すことである。

この活動はつぎに述べるような小学校でのボランティアセンターを運営する上でも役立った。刻々と状況やニーズが変化する避難所運営の中で、次に何をしなければならないかに気づくことができた。つまり、震災後の地域のニーズを把握し、どこにどのような課題があるのかを十分とはいえないまでも知ることができた。また、避難所と地域住民とのコミュニケーションができたので、次の段階でボランティアセンターが立ち上がったときに住民からのボランティアへの頼みやすさにもつながったのではないかと考える。

第2節　地域復興の拠点としての避難所と併設のボランティアセンター

1　避難者の帰宅の手伝いから始まる

このような特徴を持つ尾ノ上校区の避難所（小学校）において、4月25日からボランティアセンター設置の準備をはじめ、26日からほぼ2週間にわたって個別の世帯に対してボランティア派遣を行った。熊本地震の避難所の中で、ボランティアセンターが設置された避難所は極めて珍しい例に違いない（写真2－8）。

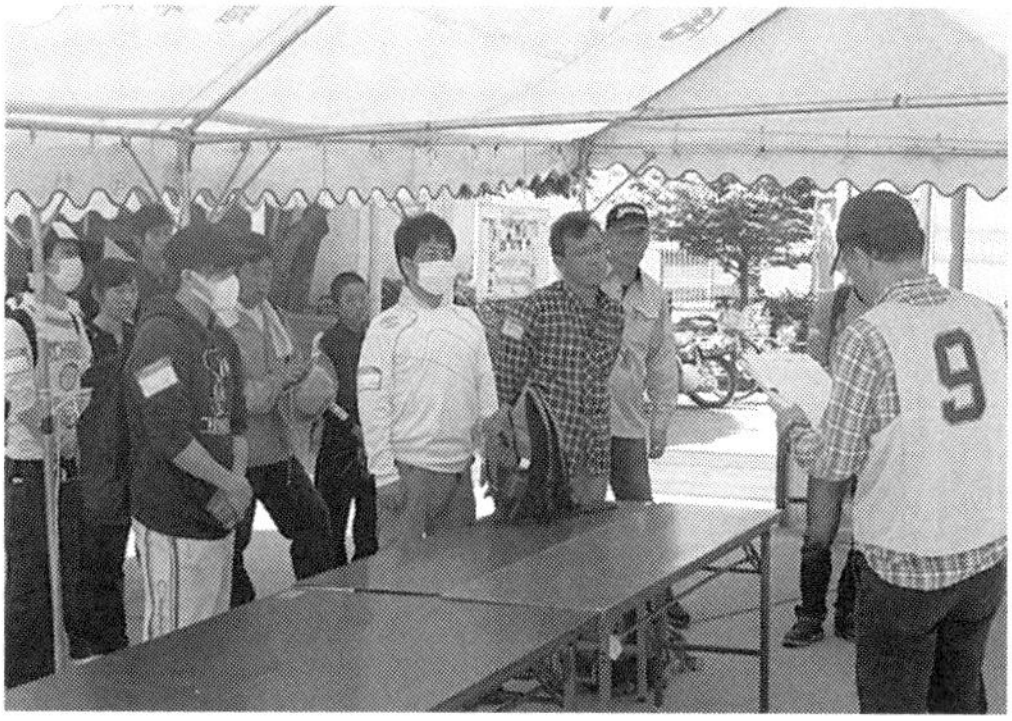
写真２－８　避難所からのボランティア派遣

避難所が被災者支援の地域拠点としての役割を持つべきだと考えていたが、最初に対応したのは避難所に避難している人の帰宅支援であった。もちろん膨大かつ深刻な在宅避難者のニーズを意識しながらも、避難所にいる人たちにボランティアに手伝ってほしいことを聴くことはすぐにでもできたので、まずはそこから着手した。校内放送を使ってボランティア派遣についての希望を呼びかけた。すると数人の方から、一人では片づけができないのでお願いしたいという申し出があった。

この避難所併設のボランティアセンターで活動するボランティアは、熊本市災害ボランティアセンター（以下、市災害ボラセンと略す）を通して派遣してもらった。前日の夕方に翌日の活動に必要なボランティア数を市災害ボラセンに伝え、当日の午前10時前後にボランティアが尾ノ上小学校に到着する仕組みである。

2　地域のニーズに応える

地域のニーズを掘り起こすために、校区社会福祉協議会長の大橋康さんに相談し、ボランティアセンターへの協力を求めた。大橋さんは尾ノ上校区8町内の自治会長でもあり、町内でボランティ

表2－2　尾ノ上小学校災害ボランティアセンター／ニーズ件数・派遣人数

	4月					5月										合計
	26	27	28	29	30	1	2	3	4	5	7	8	14	20	28	
ニーズ件数(実施件数)	5	7	6	5	7	14	12	12	11	11	6	2	2	2	1	103
ボランティア派遣人数	8	24	20	50	30	47	48	30	30	10	27	4	8	8	4	348

出所：筆者作成。

アの希望を聞いて回ってくれた。また、大橋さんを通して、各町内会長や民生委員にも協力を求めた。さらに、地域で物資を配布する際に、拡声器でボランティアを必要とする人は声をかけてほしいと呼びかけた。

ボランティア派遣のニーズは、多い順に、①自宅周り・敷地内の片づけ、②室内の片づけ・ゴミだし、③ブロック解体、④その他、である。センター開設から6日目の5月1日にはニーズ件数が10件を上回り（14件）、5日連続で10件を超え、ボランティア派遣は1日当たり30人から50人となった。センターは15日間で延べ103件のニーズに対応し、延べ348人のボランティアを派遣した（**表2－2**）。

ところで、4月28日のことだった。尾ノ上8町内の住民が小学校に来て「物資も情報も何も届かない。避難所は何をやっているのか」と強い口調で私たち運営者に迫った。私はその数日前から8町内（尾ノ上4丁目）を訪問しており、その地域の帯状に広がっている被害の大きさに気づき、何とかしなければならないと感じていた。その方からの支援の要望を受けて、早速、物資を届け、ボランティアを派遣した。私は8町内の被害状況を早期につかめなかったことを悔んだ。一つの小学校区の中でも被害の程度には濃淡がある。地域全体のニーズの把握を早い段階で行うべきだという教訓が残った。

表2－3　熊本市災害ボランティアセンターの主な活動内容の推移

期　間	主な活動内容（多い順）
4月22日～24日	ポスティング（宣伝活動）、救援物資の仕分け、避難所手伝い
4月25日～26日	避難所手伝い、ポスティング、自宅の片づけ（26日）
4月27日以降	自宅の片づけ、避難所手伝い

出所：熊本市災害ボランティアセンター facebook。
資料：上田浩之（2016）。

3　サテライトとしての役割―市災害ボランセンとの連携

尾ノ上小学校の避難所に設置したボランティアセンターは、実質的には、市災害ボラセンのサテライト的な役割を果たした。前述のようにボランティアは市災害ボラセンから派遣を受けた（個別世帯の派遣は4月26日からであったが23・24日も避難所の清掃等のために市災害ボラセンからのボランティア派遣があった）。

市災害ボラセンは4月22日に立ちあがった。市ボラセンの最初の3日間は、ボランティアの依頼票を市内各地の世帯ごとにポスティングする活動であった（表2－3）。並行して避難所の手伝いを行い、自宅の片づけなどの個別世帯への本格的な派遣は27日以降であった。それは14日の前震から13日（ほぼ2週間）後である。市災害ボラセンは、市役所や繁華街、バスセンター（交通センター）のある中心部の花畑公園に設置された（市社協はGW明けに団体ボランティア受付専用の東区サテライトとその後、南区の一部を対象とした南区サテライトを設置した）。74万人の都市に対して1か所のボランティアセンターではニーズ把握が困難であった。次第にボランティア派遣の依頼が入ってきたが、どこまでニーズを把握できただろうか。その上、20人程のニーズ班がファックスや電話で依頼を受けても実際に現地調査することができなかった。電話だけでの対応によって現場の状況を知らないボランティアを派遣するというコーディネートは、依頼する側も活動する側も、そしてコーディネート役のスタッフにとっても不安が大きい。広域災害において1か所のセンターでのコーディネートは量的にも質的にも対応が難しいといえる。

避難所設置とはいえないが、同様の役割を果たした小学校区もあった。熊本市と熊本市社会福祉協議会は、地域からのニーズ把握が困難であること、効果的なボランティア派遣が難しい状況を鑑み、サテライト方式の実施を促すために、熊本市地域活動推進課の名前で「校区の地域課題解決のための災害ボランティアの活用」という文書を全校区に送付した（熊本市中央区の大江校区が一つの事例としてこの文書で紹介されている）。市と市社協はサテライト方式を校区へ波及させることを試みたが、それほどの効果はなく、実際の取り組みには結びつかなかったという。今回の取り組みを通して得られた教訓は、都市での場合、自治体内にいくつかの災害ボラセンを設置したとしても（政令市の場合は複数の区単位）、同時にサテライト的な役割を果たす小学校区や中学校区などの身近な地域に災害ボラセンを設置することの必要性である。[2]

4　自治会ごとの動き—日頃の活動のあり様が災害時に現れる

避難所のボランティアセンターに校区内のそれぞれの地域からニーズが上がってきた。8つあるそれぞれの自治会でボランティア依頼の呼びかけがなされた中、とくに8町内と4町内からのニーズが多かった。8町内の自治会長は校区社協会長でもある大橋さんであり、自治会内の班長を通し

表２−４　町内ごとの民生委員等が把握する要支援者に水・食料を届けた数

町内	4月						5月					
	25	26	27	28	29	30	1	2	3	4	5	合計
8つの町内の合計	76	75	59	61	57	57	47	27	29	25	23	536
4町内	40	35	15	16	16	16	15	8	8	8	8	185
8町内	10	10	12	12	12	12	12	12	8	8	6	114
上記以外の6つの町内の平均	4	5	5	6	5	5	3	2	2	2	2	41

出所：尾ノ上校区自治協議会への聴き取りをもとに筆者作成。

て全戸にボランティア依頼の案内チラシを配布した。４町内では気になる世帯に声をかけてボランティアに手伝いを依頼できることを伝えた。

各自治会では発災後、自治会役員や民生委員らが要支援者に声をかけて安否確認を行った。その中で、水や食料などの物資を配給する必要がある場合には、各自治会で対応するほかに、小学校の隣にある錦ヶ丘公園の防災倉庫前でも各自治会役員の申告数に応じて物資が配布され、それを各自治会で要支援者に届ける活動が行われた。この取り組み自体は高く評価できるものであるが、各自治会の配布数にはかなりの違いがあった。その数は、**表２−４**のように、11日間に延べで、４町内では１８５人分、８町内では１１４人分であった。一方で、他の６つの町内の平均数は41人分である（少ない町内はゼロあるいは30人分）。自治会ごとの世帯数に違いはあるが、配布数が多い地域ほど要支援者も多いとはいえない。この違いは、日頃からの住民相互のつながりやまとまり、自治会役員や民生委員と高齢者等の要支援者とのつながりの違いの現れであるとみられる。[3]

確かに、尾ノ上校区ではすべての町内で月１回程度の「ふれあいサロン」が実施されているように、どの自治会でも福祉活動を大切にしている。自治会活動全般についても、配布数がもっとも多かった4町内自治会の取り組みは活発かつ丁寧である。その一部を紹介すると、定例活動として、役員会（月1回）、代表者会（月1回）、町内会だよりの発行（毎月1回）がある。また、隔月で資源物回収と公園清掃を行っている。大きな行事としては、秋祭りである「なんでんかんでんまつり」（10月）、もちつき（12月）に力を入れている。他に、町内公民館では、囲碁や書道、カラオケの会などの趣味の会が頻繁にある。近年、ゴミ収集のモデル地区に指定（2年）され、ゴミ問題にも取り組んでいる。その他、校区単位のお祭りや運動会等の行事にも積極的に協力・参加している。町内には公民館と少し広めの公園があり、交流の場（拠点）となっている。私は15年間、4町内に住んだことがあり、２０１７年度は子ども会の会長として自治会と密接に連携していた（後に数年間は自治会副会長）。その経験を通して、高齢の役員の方々を中心に、心のこもった丁寧な取り組みが続けられていることを肌で感じている。今回の災害後に行った「住民の避難行動などに関するアンケート調査」もその一例である。

第3節　地域福祉の視点からみた避難所運営とその課題

1　いのちと暮らしを守る住民自治によって地域の復旧・復興の拠点として

私たちの避難所にとって決定的に重要だったのが、本震後の4月16日の晩に、「ボランティアができる人は集まってください」という校長からの呼びかけと、「力を合わせて行きましょう」というPTA会長の言葉を、校舎の昇降口に集まった50人ほどの避難者が共有できたことである。

「避難所にいて、こんなに笑っていていいのかしら」と、長く自宅に帰ることができなかった、精神疾患のある60代の女性は話した。この方は一人で体育館に入ったところ、周囲の人とおしゃべりするようになり、避難所が安心できる場所になったという。その声は避難所全体の様子を表していると思う。前述のような取り組みの結果であるが、その原点は住民による運営組織ができて、住民自治による活動ができたからだと考える。

住民自治は、お互いの生命《いのち》・生活《くらし》、そして人権を守る営みの要であり、住民相互・周りの人たちとの対話・交流と協力を基礎とする。それは行政や企業・事業所の運営に伴う管理とは異なる。配食の列に毎食数百人、2時間も並ばなければならないという避難所もあった。その運営主体は行政や指定管理の事業者であった。住民自治が軸にあれば、どうすればいいのかをみんなで真剣に話し合い、知恵を出し合って、徐々に確実に具体的な改善が図られるだろう。このような動きはケアの倫理に通じている。私は社会福祉・地域福祉を研究し、学生に教える中で、住民自治を語ってきたが、今回ほどその内容と意味が自分の骨身に沁みたことはなかった。住民自治があってこその生命《いのち》・生活《くらし》であり、地域なのだということをあらためて学んだ。

具体的には、避難所において、食と健康を大切にして、ヨコのつながりをつくることに力を合わせた。かつて拙著「食と健康に根ざした地域福祉活動」（『健康・生活問題と地域福祉―くらしの場の共通課題を求めて―』）の中で論じたことを繰り返さないが、私の恩師・三塚武男先生が教えてくれた通りに、人間らしい営み（社会的実践）は理に適ったものでお互いの心身の健康を守ることができた。[4]

また、避難所の個々人だけでなく、地域全体の復旧と生活・健康を視野に入れた実践は、岩手県の旧沢内村（現在の西和賀町沢内）に学んだ、「ゾーンディフェンス（地域丸ごと）」（元沢内病院長の増田進医師）の視点が生きた。この視点は、病院に来る人だけでなく、地域医療や地域福祉はすべての人が対象である、だから生命と暮らしは「マンツーマン」だけでなく「ゾーン」で守る。つまり村はすべての住民の健康に責任を持つという考え方であった。村立病院は予防を最も重視し、病院は村全体の健康の保持・増進の拠点と位置づけられていた。沢内村は、医療や教育に対する国家責任を果たさない政治・政府の問題性を認識して、住民自治を基盤として生命と暮らしを守る村づくりに取り組んだ。住民自治こそ村づくりの要であった。[5] 真の「地域包括ケアシステム」は1950年代後半からの沢内村に学ぶべきであり、それは地域における避難所運営にも応用できる。このような住民自治を基礎とした地域全体の復旧・復興拠点としての避難所の展開が私たちの実践であった。

2　避難所の集約・閉鎖と今後の課題

最後に、避難所の集約から閉鎖への過程で生じた問題と今後の課題に触れたい。4月末になると、学校再開を視野に入れて、避難所運営にかかわる人たちは、避難所をどのように縮小するかを考えるようになった。私たちの避難所では、4月末、校舎の教室に避難されていた方に、体育館に移動していただいた。その後も家庭科室等はしばらく利用させてもらった。このころ、行政は、表面上、避難者に他の避難所等への移動を無理強いしない、避難者の意向を尊重するという姿勢を示していた。それでも、避難者に対する今後の避難場所の意向調査が（5月2日・3日を中心に）行われると、避難者の多くは学校を使っているので子どもたちに申し訳ないという気持ちから、無理をしてでも自宅に戻るか、市が示した「拠点避難所」に移るかを選択しなければならなかった。

小学校の体育館に残った50代の単身女性は、「避難中は周りの人と話ができて楽しかったので震災前より体調はよかったが、避難所の集約がはじまってから調子を崩した」と話した。この方は自宅である賃貸アパートのトイレの水が流れなくなり、風呂もドアが歪んで中に入ることさえできない状態が続いていた。5月28日（土）に数人が体育館を出られて避難所は閉鎖となった。この女性もその一人で、市が用意した「拠点避難所」（隣接の公共施設）に移動した。そこで1週間ほど過ごしたが環境が合わず、未修繕のままのアパートに戻るほかなかった。

避難所の運営にかかわっていた住民も小学校の教職員も、ゴールデンウィーク明けから仕事に本格的に戻ることになった。避難所の管理は交替で来る市職員に任され、夜勤は警備会社の派遣職員に変わった。それでも、避難所から自宅に戻ったレイヴィン亜希子さんは毎日体育館を訪れ、朝と夕方の食事メニューの調整や配膳を行ってくれた。また、学校の近隣に住む方は、週に1・2回、自宅でみそ汁をつくり提供してくれた。私も1日おきに仕事帰りに避難所の様子を見に行った。最後まで残った方の自宅の引越しを、ゼミ生ら3人とお手伝いもした。住民自治の運営を細々とでも続けたいという思いからであった。

GW後の避難所運営について話し合うために、4月末と5月初めに2度、校長、市職員、PTA会長、自治会長らによる会議が持たれた。私も避難所の運営リーダーとして参加した。会議の中で、私は小学校隣のコミュニティセンター（以下、コミセン）の設備を使って、みそ汁などをつくり、最後の一人まで避難者をサポートしたいという意見を述べた。しかし、コミセンの利用目的とは異なるからと認められなかった。口にすることはできなかったが、私の腹にあったのは、避難所が集約される過程で、小学校に隣接するコミセンを最後の避難所として利用させてもらえないかという思いだった。そうすれば避難者にとって近くて便利であるし、住民自治の避難所が継続できると考えたからである。しかし、このときの話し合いで、コミセンは運営費のかなりの部分を施設利用料に頼っているため、講座が縮小すればセンター自体の運営ができなくなるという厳しい経営状況を聞かされた。それでも、今年度に限っては市が復旧・復興の予算から運営費を補塡することはできないのだろうか、校区の各自治会費から少しずつ負担することも考えられるのではないか、などと可能性を思い浮かべてみた。結果的に、コミセンを避難所としても、その支援拠点としても利用することはできなかった。この経験を通して、地域の学び（社会教育）の拠点としてのコミセンは、住民自治の発展をサポートすることを一つの目的とすべきではないかと考えた。

3　なおも埋もれている課題

避難所で食事を配っていると、毎日、自転車でやってきて、毎回2人分の食事を求める50代後半ぐらいの男性がいた。理由を聞くと、同じアパートに、うつ病を患っている50代の女性がいて、引きこもっていて誰とも話さないが、自分には少しドアを開けてくれるので、その方に食事を届けるためだと言う。この方の話から想像できるように、自治会長や民生委員らも気になる住民の安否確認をし、私も拡声器で案内しながら地域を歩いて物資を配ったが、地域には孤立して自宅から出ることさえできない人たちがいる。78歳の独居女性は、別の校区の方であったが、本震から1週間、余震に怯えながらトイレにじっと座っていたと話した。それから2か月後、その方は栄養失調のため1か月以上入院した。日頃から地域の生活や健康の実態と課題をしっかり把握する「ゾーンディフェンス」の地域医療・地域福祉を含むまちづくりの取り組みが必要だと再認識させられた。そして、その基本になるのは、心の通い合う対話・交流と協力を基礎にして、お互いの生命《いのち》と生活《くらし》を守る住民自治である。

住民にとっては自治を基本に、ボランティアや専門職、行政等との協力と連携を図ることが大切である。また、行政や専門職等にとっては住民自治を育む視点が協働の取り組みにおいて重要になる。自然災害による被害は日頃の社会問題（労働や生活上の問題）の上に降りかかる。そして、復興施策が一人ひとりとコミュニティ全体の復興を妨げるようになると「復興災害」というべき社会的災害をもたらす（その一例は震災後に頻発する関連死や孤独死等[6]）。私たちは、そのような事態を防ぐとともに、お互いの暮らしといのちを守るため、復旧・復興過程、そして日常のまちづくりにおいてもその基礎として住民自治を育んでいくことが必要である。それは住民自治による避難所運営を通して得た教訓である。

注

1　尾ノ上小学校区等のデータについては、国勢調査に基づく熊本市のホームページ https://www.city.kumamoto.jp/hpKiji/pub/detail.aspx?c_id=5&id=2985&class_set_id=3&class_id=538 および校区内の町丁目データは e-stat（平成22年国勢調査　小地域集計　熊本県）http://www.e-stat.go.jp/SG1/estat/List.do?bid=000001036640&cycode=0 による（いずれも２０１６年11月７日確認）。

2　上田浩之「災害ボランティアからみた被災者支援の課題と展望―住民福祉活動の萌芽―」『暮らしと自治　くまもと』２０１６年10月号、くまもと地域自治体研究所を参照のこと。

3　国は「災害時要援護者の避難支援ガイドライン」（平成18年3月）を示してきたが、平成25年に災害対策基本法を改正して、市町村に避難行動要支援者名簿の作成を義務づけるとともに、これを適切に活用することを求めた。要支援者の対象の範囲を定めて市町村が対象者から同意を得る必要があり、自治会等の協力も重要である。名簿掲載の同意が広がらないなどの課題がある。市町村は平時からの地域福祉活動の支援を通じて要支援者と住民との信頼関係を丁寧につくることが大切になる。

4　三塚武男『生活問題と地域福祉―ライフの視点から―』ミネルヴァ書房、１９９７年。

5　増田進『地域医療を始める人のために』医学書院、１９８９年を参照のこと。

6　生活復興をめぐる問題については以下を参照。生活問題研究会編『孤独死―いのちの保障なき「福祉社会」の縮図―』生活問題研究会、１９９７年、塩崎賢明『復興〈災害〉―阪神・淡路大震災と東日本大震災―』岩波新書、

２０１４年、岡田広行『被災弱者』岩波新書、２０１５年、綱島不二雄・岡田知弘・塩崎賢明・宮入興一編『東日本大震災復興の検証―どのようにして「惨事便乗型復興」を乗り越えるか―』合同出版、２０１６年、David L. Brunsma, David Overfelt, J. Steven Picou, *The Sociology of Katrina: Perspectives on a Modern Catastrophe*, Rowman & Littlefield Publishers, 2007.

第3章　みなし仮設の健康・生活と復興施策の課題

第1節　みなし仮設住民の生活と健康

1　みなし仮設とは

災害救助法にもとづく応急仮設住宅の一つである賃貸型仮設（以下、みなし仮設とする）はさまざまな課題を抱えている。みなし仮設には情報も支援も届きにくく被災者は孤立しがちである。しかも報道等によってその実態を知る機会さえ建設型仮設よりも極めて少ない。本章では、東日本大震災以降、大災害のたびに広く活用されているみなし仮設の実態と課題およびその支援策のあり方を深り下げたい。

私は、熊本地震から半年後に立ち上がった、被災地の地域支え合いセンターの一つで、益城町のみなし仮設を担当するよか隊ネット（当時、その後minoriに名称変更）の訪問支援員として、みな

表３－１　応急仮設住宅等の入居状況の推移

	建設型仮設住宅		賃貸型仮設住宅		公営住宅等		合計	
	戸数	人数	戸数	人数	戸数	人数	戸数	人数
2016年12月	4,173	11,027	12,619	29,234	1,422	3,156	18,214	43,417
2017年 4月	4,157	10,894	14,895	34,201	1,157	2,523	20,209	47,618
8月	4,024	10,410	14,447	33,208	985	2,103	19,456	45,721
12月	3,754	9,564	13,461	30,197	859	1,844	18,074	41,605
2018年 4月	3,407	8,523	11,625	25,562	764	1,605	15,796	35,690
8月	2,770	6,690	8,383	18,578	348	722	11,501	25,990

出所：応急仮設住宅等の入居状況の推移（熊本県ホームページ https://www.pref.kumamoto.jp/kiji_25313.html）をもとに筆者作成。

し仮設に携わった（２０１７年３月までの半年間）。並行して、ボランティアによるみなし仮設住民の交流会「つながる広場」や「つながるカフェ」の運営にも参加し、みなし仮設等の自主交流活動費の助成を通じた交流支援も行ってきた。まずは、これらの経験を踏まえて、みなし仮設の住民の生活と健康の実態を論じる。[1]

応急仮設住宅には主に建設型仮設と賃貸型仮設（みなし仮設）がある。[2] 熊本地震におけるみなし仮設はピーク時（２０１７年５月）には１万５０５１戸に及んだ。これは建設型仮設住宅（一部に木造を含むが以下、プレハブ仮設とする）の３・５倍である。**表３－１**のように、数の上では圧倒的にみなし仮設が多く、被災者の避難生活の主要な居住形態となった。

みなし仮設には次のような特徴がある。その長所の一つは、被災後、短期間の避難所生活の後、あるいは避難所を経由することなく、速やかにみなし仮設（県が家賃を負担するアパート等の賃貸物件）に避難できることである。確かにこれは被災者にとってのメリットの一つだが問題もある。被災者は避難所を経て地元に建設されるプレハブ仮設等に入居するか、みなし仮設に入居するかという選択肢が必ずしもあるとはいえない。なぜならどちらかを一旦選択すると、その後の変更がほぼできないためにやむを得ない決定となるからである。例えば、健康上の理由等で避難所では長く生活できない場合にはみなし仮設しか選択の余地はない。仮にその後みなし仮設の住み替えやプレハブ仮設への移転の可能性があれば複数の選択肢からの決定といえるかもしれない。だがそれはほぼ見込めない中で、実際には多くの人たちは緊急的にみなし仮設を選ばざるを得なかった。[3] そのなかに後述するように、虚弱な高齢者や障害のある人たちとその家族が多く含まれる。他方で、毎日仕事や学校に通う若い世代も少なくない。

一方、みなし仮設の短所のうち最大の問題は、災害前に暮らしていたコミュニティから離れた地域のみなし仮設に移らざるを得ないことであ

表 3－2　みなし仮設入居者の転出世帯数・割合
(50 世帯以上の自治体のみ)

被　災 市町村	みなし仮設		うち他市町村へ転出		
	入居世帯数 A	入居者数 B	転出世帯数		転出者数 D
			C	C/A(%)	
熊本市	8,969	19,402	485	5	996
八代市	97	286	6	6	14
菊池市	90	230	22	24	55
宇土市	290	734	76	26	159
宇城市	507	1,270	137	27	293
阿蘇市	130	334	33	25	83
合志市	112	288	37	33	88
大津町	200	487	54	27	93
菊陽町	88	240	26	30	74
南阿蘇村	852	1,426	786	92	1,252
西原村	164	460	102	62	261
御船町	332	841	197	59	451
嘉島町	92	297	51	55	140
益城町	1,278	3,333	937	73	2,344
計	13,335	29,976	3,013	23	6,454

注：2017 年 12 月 31 日時点。
出所：熊本県提供。

る。賃貸物件が多い地域は都市部の住宅街に集中している。そのため、みなし仮設に入居する被災者は、初めて暮らす場所で、しかもコミュニティの希薄な地域に少なくとも2年から3年、長ければそれ以上住まうことになる。表3－2のように、みなし仮設住民のうち、従前の地域とは異なる他の市町村に転居した世帯は23％である（熊本市内での他区への転居を含めるとさらに高い）。転居世帯は特に地域とのつながりを持たない人たちが多い。この点は東日本大震災のみなし仮設の経験においても指摘されてきた（塩崎2013：39―40）。その中で生命を失う人たちも少なくない。熊本地震の仮設住宅でのいわゆる「孤独死」は33人とされるが、そのうち27人がみなし仮設である（2020年2月現在、6人がプレハブ仮設）。後述するように、みなし仮設の孤立は、プレハブ仮設のそれ以上に深刻である。速やかな避難ができて、居住性はプレハブ仮設よりも格段に優れているという長所を持つものの、孤立を招きやすいという問題はみなし仮設の最大の短所である。

2　健康の全般的状況

私が益城町地域支え合いセンターの訪問支援員として、各地のみなし仮設を訪問するたびに驚いたのは、多く人たちが地震の影響と考えられる症状を抱えていたことである。

例えば、30代の女性は震災後の仕事が多忙になり家事・子育ての疲労も重なり脳内出血で入院した。他の30代の女性はエコノミークラス症候群の治療中であり、40代の女性は地震後から声が出なくなった。糖尿病のある40代の単身男性は震災によるＰＴＳＤを抱えていた。50代の方は震災後メ

表3－3　益城町のみなし仮設居住世帯の特徴（ランク別）

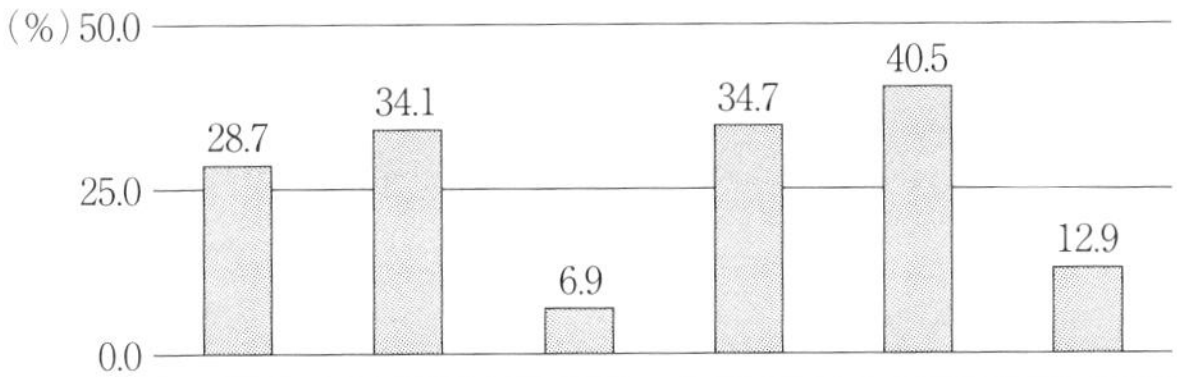

特徴＼ランク別	合計	高齢者のみ	高齢者あり	障害者あり	病人・要介護者あり	障害・病気・要介護のいずれか	失業や廃業、収入減少、困窮状態あり
総数	750	215	256	52	260	304	97
	100.0	28.7	34.1	6.9	34.7	40.5	12.9
Bランク	35	10	10	10	16	25	12
	100.0	28.6	28.6	28.6	45.7	71.4	34.3
Cランク	225	94	75	22	119	141	44
	100.0	41.8	33.3	9.8	52.9	62.7	19.6
Dランク	490	111	171	20	125	138	41
	100.0	22.7	34.9	4.1	25.5	28.2	8.4

注：ランクについてはBが支援の必要性が最も高い。詳しくは本文の101頁に説明。
出所：益城町地域支え合いセンター（よか隊ネット熊本）の資料から筆者作成。

ニエルと偏頭痛が悪化した。夫の一周忌に被災した60代の女性はショックでうつ状態となりパニック障害を併発した。肺がんの治療中の70代男性の妻は震災後に糖尿病が悪化した。肺がんの手術歴のある別の70代の男性は地震後に再発し、抗がん剤の副作用によって声が出にくくなり苦しそうだった。

以上の人たちを含めた益城町のみなし仮設の世帯の特徴を示したものが**表3－3**である（地域支え合いセンターよか隊ネットが2016年10月から2017年3月までに訪問した分）。高齢者のみの世帯が28・7％と3割近くに及び、高齢者がいる世帯は34・1％である。障害者がいる世帯は6・9％、病人・要介護者がいる世帯は34・7％であり、障害・病気・要介護のいずれかの状態の方がいる世帯は4割を超えている（40・5％）。健康状態が悪い人たちが非常に多いことがわかる。また、「失業や廃業、収入減少、困窮状態のいずれかにある」世帯は全体の12・9％であった（訪問したが経済状態を掴めていない世帯もあり、全体の一部だとみられる）。なお、世帯主の性別は男性が79・4％と圧倒的に多く、年齢層は「65歳以上75歳未満」が最も多く29・1％、ついで「55歳以上65歳未満」が19・9％、「75歳以上」が19・5％である。「45歳未満」も17・3％と少なくない。

行政調査にも健康悪化は顕著に現れている。熊本県による被災者の第1回健康調査（みなし仮設入居者等、2017年7月実施、11月25日発表）では、みなし仮設住民は地震前に比べ「あまり眠れなくなった」が33・4％と同時期の県民調査11・9％の約3倍もの高率を示した。体調が「あまり良くない」「悪い」と答えた人も28・5％と県民調査20・1％を上回った。また「悩みを相談できる相手がいない」人は17・2％、特に40代以上の男性は4人に1人に上った。[4]熊本県による仮設住宅に暮らす被災者の第2回健康調査では、強い心理的ストレスがある「高度のリスク」と判定された人は8・2％で、第1回調査からわずかに下がったものの地震前の約2倍となお高いことが判明した。また中程度と軽度の人を含めて回答者の4割が心の不調を抱えていた。[5]

3 事例からみたみなし仮設住民の生活と健康

ここからは事例を通してみなし仮設住民の生活と健康の実態を示したい。事例1から事例4については訪問活動の際に聴き取った内容である[6]。また事例5は筆者が直接聴き取りを依頼した。いずれもプライバシーに配慮し、内容が大きく変わらない程度に一部修正を加えた。筆者は約50のみなし仮設世帯の聴き取りをした中で、ここでの事例選定においては年齢層と世帯構成を踏まえつつ、みなし仮設の制度・運用の課題が明らかになる典型的な事例を取り上げた。

事例1 Tさん夫婦（67歳・62歳）―2016年10月に聴き取り

前震で自宅は全壊した。取り出せたのは和ダンス二つだけだった。自宅前の公園で車中泊をしていたが、本震からは近くの体育館に避難した。夫は前震で肩と頭を負傷し、顔には血がべったり付いていた。体育館で医者に処方された痛み止めの薬を飲んだらアナフィラキシーが起こった。呼吸器系の持病があるため痛み止め薬が身体に影響した。すぐに救急搬送され10日間入院して一命を取りとめた。医者が入れ替わりする中で生じた事故だった。たくさんの人たちで溢れる避難所ではゴミとホコリが多く、ベッドもなかった。呼吸器系の持病には体育館はきつかった。病気がなかったら建設型の仮設住宅を待っていた。一刻も早く避難所を出たかった。

知り合いなどを通じて避難するための家を探していたところ、5月20日に友人の所有する貸家に入ることができた。その後、手続きをしてみなし仮設となった。この借家は入居時点で屋根の瓦が壊れて雨漏りしていた。そのため、住めるように修理してくれたが、みなし仮設の期間が終了する2年後には解体するという約束で入居した。夫の持病は落ち着いているが、一番の不安は2年後に住む場所があるかということ。みなし仮設が延長された場合、住み替えができるのか。最悪の場合でもプレハブ仮設の空家に入居できないだろうか。

夫にはわずかだが年金がある。妻は零細企業の正職員であるが、職場の建物に被害が出て週2日の短時間勤務となっている。雇用保険の特例給付があるが、これから先のことを考えると楽ではないし働き続けなければならない。地震の後は職場の人や友人に助けられた。

＊　＊　＊　＊

夫婦にとって避難所は極めて過酷な環境だったため、みなし仮設は緊急避難先として助けになった。しかし緊急ゆえに選択の余地はなかった。このような重病の方には役場等によるみなし仮設斡旋の支援があれば、安心して住める借家に入居することができたかもしれない。私が2016年10月から支援員としてみなし仮設を訪問してすぐに気づいたことは、この世帯のように、病気や障害があるために避難所に行けなかった、あるいはプレハブ仮設の完成までの数か月を避難所で過ごせない人たちが多いことであった。緊急避難的にみなし仮設に入居した人たちは少なくなかった。

事例2　Kさん夫婦（40代・30代）―2016年11月聴き取り

賃貸アパートに入居した半年後に被災した。すぐに熊本県南部にある夫の実家に夫婦2人で避難し、そこで半年過ごした。5月に罹災証明の申請をしたがアパートは当初は一部損壊と判定された。
夫は小売業の従業員で、地震後、被災地外の支店から被災地の店に商品を運んだり、復旧作業に忙しかった。もともと夫婦とも大きな病気はなかった。夫は顎関節症があったがひどくなったのは地震後である。

妻は食欲がなく夜も眠れなかった。地震のショックでしばらくは被害場面のVTRを見ると不眠がぶり返した。慣れない土地での生活も影響した。6月に妊娠していることがわかった。そのころも眠れなかった。一部損壊と判定されたことが生活を不安にさせた。2次調査の判定を申し込んでいたが7月中には判定が出なかった。8月になって気を張っていたせいか倒れて流産した。

9月になって被災した際に住んでいた賃貸アパートが全壊判定となった。そこで9月末に夫の実家近くのアパート（みなし仮設）に入居することができた。これで何とかなると思った。妻の健康状態は徐々に回復し、食欲も睡眠も地震前の状態に戻ってきた。夫は地震前は魚釣りが趣味だったが、今はその余裕はない。妻は地震前に仕事を辞めており、被災したのは失業保険の受給中だった。今は健康状態をみながら再び仕事をしようかと思っている。夫の実家も被害を受けたのでこの際新築して義理の両親と同居しようかと考えている。

＊　＊　＊　＊

この事例が突きつけているのは「被災とは何か、被災者とは誰か」である。この夫婦は、8月までは「一部損壊」扱い、つまり、みなし仮設入居を含めてほとんどの（被災者の）諸制度を利用できない状況に置かれた。震災以上に夫婦を苦しめたのは制度ではなかっただろうか（地震以上に辛かったことは「一部損壊」と判定されたことだとはっきりと話した被災者もいる）。小さな生命が失われたのは災害救助制度の問題と何ら関係がないとは言い切れない。

事例3　高齢単身のNさん―２０１６年11月聴き取り

76歳の女性で、みなし仮設にひとり暮らし。熊本県生まれだが関西での生活が長く、10年前に夫を亡くし、５年前に熊本に戻った際に益城町のアパートに入居した。アパートは全壊し、屋根が壊れタンスも茶碗も駄目になった。前震の際は、たまたま旧友たちと県外に旅行に出かけていた。本震後、兄弟の家に数週間避難した後、６月末に熊本市内のアパート（みなし仮設）に移った。

震災後はしばらく寝られなかった。今も夜は2、３回は目が覚める。食欲も前のようにはない。引越しの片づけを一人でやっていたからだと思うが、しばらくは痩せていた。もともと膝が悪かった。市内の病院に1年近く通っているがまったくよくならない。最近は足がだるくて歩けないときもある。60過ぎまでは体力には自信があったが、今は２００メートルほど先にある商店街に行くにも何回か休みながらである。一人なので心細くなって余計に悪くなっているのだと思う。こちらに来てから、道路で2度転んだ。1度は車に引っかけられて転倒し、膝をついて青アザができた。他には高コレステロールと糖尿病で内科に通院し服薬している。

罹災証明等の手続きで何度も役場に行った。スクーターを乗るがフラフラして危ないので免許を返納しようと思っている。最近はタクシーを使うことが多い。大方の手続きが終わったので住民票を熊本市に移した。区役所で体のことを相談したら、区の職員が来て健康状態などを聞いていったがその後は何の連絡もない。福祉サービス等は何も利用していない。長く飲食店を営んできたが保険料を払っていなかったので年金はない。関西の家を売った金と夫が残した貯金があるので食べるだけの貯金はある。

益城町では民生委員が月1度は訪問してくれた。ここではそういうこともなく、同じアパートの人も近所も知らない。以前は公民館での趣味の集まりにも出ていたが、こちらではそういう機会もない。今は2、3日家から一歩も出ないこともある。気晴らしにこづかいの範囲内でパチンコをする。それ以外には楽しみはない。電話帳さえないのでこの地域の病院や公民館などもわからない。

＊　＊　＊　＊

従前の地域のつながりを失ったNさんは、膝の痛みの悪化、転倒、生活習慣の不活発化が重なり、孤立と健康悪化の悪循環に陥っていた。このような高齢者は少なくない。Nさんの場合、その後、地域支え合いセンターのスタッフが近くの商店街で開かれている高齢者サロンにつなぎ、定期的に参加するようになって孤立状態は多少改善された。しかしNさんのように支援を受けて地域とつながることができた人たちは多くはない。

事例4　Fさん　夫婦と子と親―2017年2月聴き取り

50代の世帯主の仕事は左官である。仕事は忙しいが、この日は珍しく休みだった。普段は朝5時に出勤して遅く帰ってくる。自宅は全壊し、取りだせたものはテーブルと洗濯機だけだった。家電製品はすべて買ったので義援金はなくなった。

6人家族は、妻50代、母80代、成人の子ども3人である。母親は要介護2、長男は知的障害があり障害基礎年金を受給している。長女は成人後に発達障害と診断された。

数日の車中泊を経て、親戚の家に5日間、そして知人のアパートに1か月半、6月1日から現在の熊本市内の一戸建てに入居した。母親の病気や息子の障害を考えると、避難所には行けなかったし、介護職の次女は地震から1週間後には職場に出なければならなかった。だから、避難所からプレハブ仮設という道は考えられず、みなし仮設に入る他なかった。みなしは戸建で、1階は2間とLDK、2階は2間の合計5部屋。元の家は7部屋あったので狭くなった。自宅前の車どおりが激しく、振動で部屋がガタガタするので母親はよく眠れないと言う。ただ、戸建てを借りることができたのは運がよかったし、5台の車を駐車できるのは助かる。ここに来てほっとした。

母親は一時期老人ホームに入居したが、「自宅がいい」と7月には現在の場所で同居となった。手すりをつけ、介護ベッドを利用している。現在は、デイケアに通う。自宅の風呂は古くて深いので入れない。他の家族もシャワーしか浴びない。デイサービスなどの風呂も入りたくないという。妻はストレスのために太った。震災前まで自宅で仕事（内職か?）をしていたが、震災後は辞めて専業主婦となった。

上の娘は事務職をしているが、睡眠がとれないという。下の2人の生活リズムが不規則で、次女は介護職のため夜勤などがあり、睡眠時間がバラバラだからである。夜中に帰ってきて話し始めると狭い家では長女はゆっくり眠れない。家族が分かれて住むことも考えたが、手出しでは経済的に困難なことと、それぞれに病気や障害をかかえているため同居する他なかった。

家を建てたいが、宅地の石垣が膨れて、傷んでいる。補助の対象にならないため、修繕すれば200~300万円かかる。ここでは何の情報も来ない。町の広報誌を送ってくれるなら申し込みたい。差し迫って困っていることは石垣のこと。住宅ローンが残っていて、再建すれば二重ローンになる。債務整理できるかと思ったが無理だった。

長男は自宅に戻りたいと言い、仕事以外はゲームばかりしている。以前は友だちと会ったりしたが今はない。何か言うとすぐに怒りキレやすくなった。介護職の一番下の次女もイライラすると言う。毎日、両手に袋を下げるほど、お菓子を買ってくる。震災前まではそれほど食べなかったのに。

＊　＊　＊　＊

この世帯には、二重ローンと宅地修繕の問題が既存制度の条件に合わず、経済的な負担が重くのしかかる。みなし仮設生活の中、ストレスは明らかに強まっている。明るく我慢強い妻と寡黙な職人の夫のがんばりで生活が保たれているが、家族生活は不安定である。自宅再建が遅れれば、いっそう厳しい状態になりかねない。この世帯のように、二重ローン、親子ローンといった住宅再建の資金繰りの苦労を抱えている世帯は少なくない。また、高齢者や障害のある人たちと同様に、その世話をしている人たち、とくに女性（世帯主の配偶者、または子の配偶者でいわゆる「嫁」に当たる方）が極めて深刻なストレスを抱えている。

事例5　Cさん夫婦と子ども　みなし仮設の継続希望叶わず―2018年6月聴き取り

40代夫婦と二人の子（小学生と保育園児）はみなし仮設で暮らしている。賃貸住宅が半壊し解体されたため、8月まで避難所で過ごした。みなし仮設に入居してから1年が過ぎたころ、それまで胸にため込んできたことが影響したせいか、精神的に不安定になった。落ち込んで自分の存在を消してしまいたいと思うようになった。当時、子どもや夫に心配をかけたくなくて相談できなかった。精神科にかかって薬を飲んだ。今でもふとした時に落ち込むことがある。眠れなくなった時に危ないと感じる。

２０１８年8月でみなし仮設に入居してから2年を迎える。2月に延長を申し込もうと役所に行ったところ申請させてもらえなかった。シロアリが出たり、老朽化で光熱費がかかるので、別の賃貸住宅を探したかった。役場で「子どもの学校のことを考えてこの地域で探しても見つからない」と言うと、「この地域には賃貸物件が不足しているから探しても無駄です」と言われた。転居希望する地域に賃貸物件がない（不足していること）ことは、みなし仮設の延長条件の一つであるはずだが取り合ってもらえず、「みなし仮設の家賃は税金で賄われているんです」と突き放されたと妻は肩を落とした。

就学援助を受けている状態で家計に全く余裕はない。夫は震災後仕事が忙しくなったが、給料はほとんど変わらない。妻は、震災前に出産もあって仕事を辞めた。家計を考えて今年（２０１８年）4月から子どもを保育園に入所させ、週3日、アルバイトに出ている。体調に気をつけながら働いている。家賃のためには働き続けるしかないと思っている。

＊　＊　＊　＊

熊本地震はかつてないほどの厳しい仮設住宅の延長条件が課されたため、とくにみなし仮設は入居から2年で延長が認められない世帯が大量に生じた。諸事情を抱えている世帯もCさん夫婦のように一律に期限までに退去するか自分で家賃を払わざるを得なくなった。被災者に自助努力・自己責任を強く求める復興施策である。しかし、各地にバラバラに避難して横のつながりがなく、組織を持たないみなし仮設住民にとっては、不満はあっても声をあげることができず、役所の示す手続きに従いみなし仮設を退去せざるを得なかった。

4　健康、生活、地域、アイデンティティのトータルな課題

各地に点在しているみなし仮設の被災者の生活は多様である。みなし仮設入居者の世帯構成は入居契約時に行政が把握はしているが、その生活実態は実際に訪問しなければわからない。地域支え合いセンターはこれを把握することが主な役割であるが、情報公開がほとんどなされていない（例

えば熊本市は分類ⅠからⅣの区分と要フォロー者等の状況のみ公表)。熊本市の資料(2016年11月15日)では「日常生活支援世帯」と「日常生活・住まいの再建支援世帯」の合計が15・5%である(一部にプレハブ仮設を含む)。健康だけに問題があるという世帯は一部であろうから、これらは健康と生活に何らかの支援が必要な世帯といえるだろう。一方で益城町のみなし仮設は前述のように40%の世帯に何らかの支援が必要な方がいる。

みなし仮設は従前の地域コミュニティから離れている世帯がほとんどで、しかもバラバラに居住している。そのため一度の訪問で生活・健康に加え、みなし仮設という不慣れな環境による心身への影響をつかむことは非常に難しい。難しいからこそ、その点を意識して丁寧に戸別訪問に当たる必要がある。筆者がみなし仮設住民の状況で特に気になってきた点は、アイデンティティの危機である。これは生活環境全般の大きな変化、例えば住宅(形態、間取り等)や地域(立地や病院・買い物等)といった物質的条件とそれに伴う人とのつながりの変化(社会関係の断絶等の経験)、さらに「空間の質感」という音や匂い、光、触感といった五感に関わる暮らしの雰囲気などの変化と関連している(篠原2011:第2章参照)。これらの変化とそれへの適応の努力は時間の経過とともに心身の疲労・ストレスとなって生活と健康に大きく影響する。町外のみなし仮設(アパート)に入居した50代の独居男性はアルコール依存のような状態になった。それには離婚した妻と一緒に暮らす連絡が取れない娘に、自分の転居先を伝えられない苦しさがあった。娘とつながる唯一の可能性のあった従前のアパートは、単なる住居ではなく、この男性にとっては生きる力の源、自らのアイデンティティでもあった。また、狭いみなし仮設（アパート）で認知症の義理の母の世話をする女性は時間の経過とともにうつ状態になった。かつての家では空間的にも時間的にも義理の母との距離を置くことができたが、三世代の成人６人が２ＬＤＫで暮らす現在の生活ではそれができず、自分の人生は何なのか、地震さえなければこうはならなかったと語った。涙ながらに語る言葉に、人生の意味の揺らぎ、アイデンティティの危機を感じた。アイデンティティと健康に注目すると、生活や地域の諸条件の問題点がより深く見えてくる[7]。

筆者は従前の土地を離れてバラバラに存在しているみなし仮設を訪問しながら、住民の苦しみに共通することの一つはその生活の思い（アイデンティティを含む）を共有できる人や集まりがないことだと感じた。地震以降、みなし仮設の特徴に由来する課題にも着目して、健康と生活、地域、アイデンティティを関連づけてトータルにつかみ、それをしっかり受け止めて総合的な対策を講じることが常に求められてきたのである。以下では対策がそれにどれだけ対応してきたのかについて検討する。

第２節　地域支え合いセンターの役割と課題

１　スタッフの量と質

社会的孤立を招きやすいみなし仮設の入居者を支援することを目的に、国の財源によって被災市町村に地域支え合いセンター（県内18市町村、22か所）が設置された。益城町などいくつかの市町村は２０１６年10月から着手し、スタッフがみなし仮設を戸別訪問し、見守りと支援へのつなぎを担ってきた。私も10月から半年間、週１日のペースでセンターのスタッフとして訪問活動に参加した。その経験も踏まえて地域支え合いセンターの役割と問題点を指摘したい。

第一に、スタッフの量と質である。益城町の地域支え合いセンターのうちみなし仮設部門は「よか隊ネット熊本」が受託した（のちにminoriに変更）。支援対象の約１６００世帯に対して訪問スタッフは当初15名（２０１６年10月、フルタイム５名、パートタイム10名）であり、２０１８年６月時点では21名（フルタイム13名、パートタイム５名、管理者２名、事務員1名）を擁した。単純計算すれば当初はスタッフ１人（パートは常勤換算）に対して対象１３０世帯、その後改善されたもののスタッフ１人に対して対象75世帯ほどである。しかもみなし仮設は広域に分散しており、益城町の場合には27の市区町村（益城町含む）に暮らす世帯を訪問しなければならない。スタッフの不足が対象世帯との接触の困難さを生んできた。また、１年更新の有期採用のために質の面でもスタッフ確保に課題があった。訪問による相談支援の経験がない人たちも加わり、研修システムもないために、経験のあるスタッフと２人１組で訪問しながら見よう見まねで仕事を覚え、ルーティンをこなしていくのが精一杯である。経験のあるスタッフは丁寧なニーズ把握ができる。しかし、その後の支援機関等へのつなぎ、とくに地域のコミュニティ（民生委員やボランティア）へのつなぎは全般的に不十分である。これはスタッフの経験を含めた質的な問題もあるが、数の不足ゆえの多忙から手が回らないためである。

第二に、ニーズ把握の方法である。益城町みなし仮設担当地域支え合いセンターは、訪問世帯を対応の緊急性という基準から4つのランクに区分している。「(A) 差し迫った危険、危機的状況があり、行政職員及び専門機関による緊急の介入、支援が必要な世帯」「(B) 困難かつ明確な課題に直面しており中心となる支援者がおらず孤立しているなど、行政職員を中心とした継続的な支援が必要な世帯」「(C) 支援の緊急性は低いが今後支援が必要となる可能性があり月に1回程度の見守りが必要な世帯」「(D) 当面支援の必要がないと考えられる世帯」である。1度のスタッフの訪問で訪問記録に基づき主任スタッフと訪問者が協議の上で分類する。分類区分に応じて、また個々のニーズに応じて支援の内容・頻度が決まる。(A) はほとんどないが、(B) が5%程度、(C) が20%程度であり、残り約75%が (D) である。このような区分は支え合いセンターの主な役割が支援へのつなぎであることを反映している。だからと言って緊急性の区分だけをすればいいのではない。ICF (国際生活機能分類) 等の枠組みを用いたアセスメント、ニーズ把握、支援計画策定を丁寧に行うことが必要であり、これらは短期間でも研修を行えば一定の水準の実践を展開できる。(B) と (C) はもちろん (D) の一部を含めて対象世帯のニーズ把握と支援計画づくり、そして支援の質的向上は地域支え合いセンターにとっての大きな課題である。

第三に、ニーズを把握した上で、つなぎを含めて適切かつ継続的な支援が必要であるが、人員不足のために十分な支援が必ずしもできない。多くのスタッフは未訪問世帯への訪問に専念するために、（B）と（C）のランクの支援には主任クラスの一部のスタッフだけでかかわらざるを得ない。その中には、生きる希望を失いアルコール依存症に陥っている方、精神的な落ち込みから持病を放置して受診拒否をしている方、子育て中の母親が大病で倒れて一時的に子育てが困難になった世帯、障害のある子どもを貧困と孤立のなか一人で育てている方などがある。これらの世帯に丁寧にかかわればかかわるほど、全体の約25％の他の（B）（C）ランクの世帯への支援が難しくなってしまう。（D）ランクはほぼ支援対象外となり訪問頻度も非常に少ない。ここでもスタッフの量的不足が壁になっている。

2　交流支援の弱さ、自治の視点の欠如

第四に、戸別訪問という支援形態への偏重と組織化・交流支援の欠如である。地域支え合いセンターは、みなし仮設の住民の組織化や交流支援をほとんど行っていない。益城町の地域支え合いセンター（よか隊ネット）は「つながる広場」（みなし仮設住民の交流会）に協力しているものの、発災から2年間で開催回数は4回のみで、企画と担い手の中心はボランティア団体である。[8] 地域支え合いセンターが日常的にみなし仮設住民の横のつながりをつくったり、自治組織づくりを支援するといった動きは極めて乏しい。みなし仮設の最大の問題が孤立であることを理解すれば、委託事業の枠内だけでなく、必要な事業・活動を展開することが重要である。東日本大震災においても仙台市ではみなし仮設の全戸訪問を２０１２年度から実施してきたが、欠けているのは被災者の自発的

なコミュニティ活動を後押しする仕組みだと指摘されている（岡田２０１５：36）。地域支え合いセンターを運営する社協や受託団体は、当事者の主体性や住民自治という社会的視点を重視することによって、戸別訪問の枠を超えたみなし仮設の入居者相互の交流や自治活動の支援にも取り組むことが必要である。

第3節　国と自治体行政の責任・役割と課題

1　地域支え合いセンターの条件整備の問題

災害救助法の実施主体である熊本県は、市町村とともに被災者の生活と健康の支援にあたる責務がある。みなし仮設住民に対してその責務が果たされてきただろうか。

第一の問題は、前述のような、みなし仮設の特徴、すなわち孤立を招く危険性が高いにもかかわらず、その施策は地域支え合いセンターによる戸別訪問に、それも少ないスタッフでの取り組みに委ねたことである。2万世帯以上の戸別訪問と個別支援を行うなら、それに見合った組織・職員体制を整備する必要があった。だがそれには遠く及ばない体制で地域支え合いセンターは取り組まざるを得なかった。熊本県は被災地の市町村（地域支え合いセンター）の個別支援計画の策定率が98％であると発表した（分母は何らかの支援を必要としている８７９４世帯［全体の52％］、２０１７年7月14日）。しかし実際にはそのような実態はない。なぜなら私が関わった益城町の地域支え合いセンターでは、常識的な理解の範囲において個別支援計画、あるいはそれに近いものを策定しているケースは上記の（B）または（C）ランクの一部に限られ、全対象世帯の約25％、仮に熊本県のように全体の52％を要支援世帯とみれば益城町の場合は約50％である。熊本県全体の傾向と同様に全体の約半数の世帯が何らかの支援を必要としているとみれば、その世帯の半数ほどしか個別支援計画をつくることができていないのである。少ないスタッフでは個別支援計画を作成し、丁寧に訪問と支援を重ねることは難しい。みなし仮設の被災者のニーズに応えるために、国と自治体の責務としてセンターの職員の量と質の整備を行うことが求められる。[9]

2　交流支援と自治活動支援の欠如

第二に、支援方法の改善方向とも重なるが、みなし仮設住民の組織化や自治活動支援、交流支援などへの取り組みは皆無と言ってよい。プレハブ仮設には「みんなの家」という集会所を小規模仮設にも設置し、大規模仮設でも80戸程度に1か所を基本に複数設置している。この集会所を拠点に、仮設住民の自治会が交流等の活動を行ったり、地域支え合いセンターのスタッフやボランティアが交流支援を展開してきた。また、プレハブ仮設の自治会に活動助成を行っている市町村もある（益城町と熊本市のみ）。熊本県は２０１７年６月に仮設住宅等コミュニティ形成支援事業を復興基金のメニューに追加した。[10] この事業はプレハブ仮設の自治会への活動助成だけでなく、みなし仮設の10世帯以上のグループにも年間２万５０００円を助成するものである。しかし、この事業は１件も利用されることはなかった。2018年度になって10世帯以上の要件を5世帯に引き下げたが、それでも利用はなかった。事業の広報が不足していることもあるが、互いにつながりを持ちにくいみなし仮設の住民5世帯以上が自然発生的に交流をはじめることは極めて難しい。実はこの事業は、東日本大震災後に宮城県や福島県で行われ、多くの交流の場がつくられ、その中からみなし仮設住民の自治会も結成されている。[11]熊本県のやり方は福島県とは全く異なり、住民の交流を促進するような工夫がない。復興基金についても県が管理しているため当事者視点や住民・ボランティアとの連携が乏しい。中越地震の新潟県のような住民参加方式の基金運営という仕組みも採用していない。[12]確かに一部の市町村ではみなし仮設住民の交流会を行ってはいたが、単発のイベント的な会であり、参加者はごくわずかであった。このように熊本県と市町村は地域支え合いセンターによる戸別訪問・個別支援に終始し、孤立しがちなみなし仮設住民の視点に立ち交流支援や組織化に積極的に取り組むことはなかった。

3　硬直的な運用

第三に、住み替え等のニーズに対する制度運用の硬直性である。地震から11か月後、益城町地域支え合いセンター（よか隊ネット）から益城町と県に対して、みなし仮設住民からの住み替えの要望があることを伝えた。複数ケースがあり、一つは町外のみなし仮設に暮らす幼児のいる子育て世帯で、母親が地震後の勤務多忙と生活環境の激変の中で大病に襲われて倒れた。町内のプレハブ仮設団地には母親の両親（子の祖父母）がいるため、同じ団地の空室に転居したいと申し出た。しかし町も県も当初は転居を認めなかった。これを知った西日本新聞の記者が、東日本大震災では健康や生活上の理由があればみなし仮設からみなし仮設やプレハブ仮設に転居することが認められている、今回の対応に問題はないかと提起した。[13] その直後、県は転居を認めると伝えてきた。もう一つは、認知症の母親の世話をしている三世代家族の50代女性であり、成人6人が2ＬＤＫのアパート（みなし仮設）に暮らしていた。家賃は5万円台であり、本来なら9万円までの物件に入居できる人数であるが、震災後の混乱の中で他に適当な物件がなかったため緊急に転居したのだった。最初の数か月は我慢できてもその後はうつ状態となり、1週間ほど体が動かないことが2度もあった。私が訪問した際には涙を流しながら、アパートにもう一部屋空きができればみなし仮設として借りたい。9万円を超える家賃分は自己負担すると話した。すぐに益城町と県に問い合わせたが願いは認められなかった。結局、自費で同じアパートの空き部屋をもう一室借りた。熊本県は２０１６年３月末にみなし仮設からの転居条件として、健康上の理由、家主都合、その他の理由の3点を示した。[14] だが、住み替えが認められるケースはごく一部であり運用は硬直的であった。災害後の避難形態はかつての単線型（避難所→プレハブ仮設→自宅再建または災害公営住宅）ではなく複線型（避難所を経由せずにみなし仮設等に入居するルート等の追加）になりつつある。しかし、一旦入居したみなし仮設から他のみなし仮設などへの「複線の中の複線」は今も十分に認められていない。緊急的に避難所の代替として利用せざるを得なかったみなし仮設入居世帯が、数か月後に転居を必要とすることは当然あり得る。本当の意味で複線型となるには被災者の立場に立った柔軟な運用が不可欠である。

4　延長要件による大量退去

第四に、みなし仮設に適用された厳しい延長条件の問題である。その結果、大量のみなし仮設住民がやむなく退去せざるを得なかった。内閣府と熊本県（災害救助法実施主体）による協議の上、2017年10月に仮設供与の1年間の延長は決まったとはいえ、「やむを得ない理由」のある世帯に限定されて、延長のための8つの条件が設けられたためである。期間延長された過去の大災害（阪神・淡路大震災、中越地震、東日本大震災）のうち、最初の延長（2年時点）で条件が付されたのは熊本地震が初めてである。阪神・淡路大震災や東日本大震災は例外だという声も聞くが、災害規模だけをみて単純に比較することはできない。大切なのは被災者の現状であるが、この時点で被災者の多くが住宅再建・確保の目処が立たず健康状態の悪い人たちが多かった（前述の行政調査等）。厳しい延長要件を設ければ、継続入居しなければ生活が成り立たない人たちを退去させてしまう。実際に最初に入居から2年を迎える世帯のうち、熊本市ではみなし仮設の66世帯が、その他の市町村では計17世帯が延長の申し出を却下された[15]。しかし66世帯は、やむなく退去した人たちの氷山の一角である。熊本県の発表では、2018年4～7月に仮設入居を迎える8720世帯の約4割（プレハブ仮設425世帯、みなし仮設3041世帯）が延長申請をしなかった。この中には8つの条件

表3－4　応急仮設住宅等の入居状況の減少率（ピーク時から現在）

	建設型仮設住宅		賃貸型仮設住宅		公営住宅等		合計	
	戸数	人数	戸数	人数	戸数	人数	戸数	人数
2017年5月　（A）	4,139	10,812	15,051	34,699	1,065	2,289	20,255	47,800
2018年9月　（B）	2,672	6,439	7,872	17,517	299	624	10,843	24,580
減少数　B－A＝（C）	-1,467	-4,373	-7,179	-17,182	-766	-1,665	-9,412	-23,220
減少率（%）C/A×100	-35.4	-40.4	-47.7	-49.5	-71.9	-72.7	-46.5	-48.6

出所：応急仮設住宅等の入居状況の推移（熊本県ホームページより https://www.pref.kumamoto.jp/kiji_25313.html）をもとに筆者作成。

のために申請したくても諦めざるを得なかった世帯が大量に含まれる。このように申請できなかったり却下されたりした人たちの多くは、住宅確保の道に賃貸住宅を選んだ世帯で、収入が公営住宅の入居基準を上回っている世帯である。この基準以下でも高齢者等の世帯以外は延長を認められない。**表3－4**のように震災から2年5か月後に応急仮設居住者はピーク時の49％も減少し、プレハブ仮設に比べて減少率が大きい。内閣府と熊本県は厳しい継続要件を設けて2年を節目に急激に大量の被災者を退去させたのである。

被災者生活再建支援法の支援要件にも災害公営住宅の入居要件にも所得制限はない。今日の災害救助の諸制度は、基本的に所得にかかわらずに必要に応じてすべての世帯を平等に対象としている。少なくとも収入制限の項目は法の精神を外れている。また災害救助法は救助期間を2年に限っていない。住宅に関する2年という制限は、建築基準法が仮設住宅（仮設建築物）の建築基準の緩和を認める代わりの要件にすぎない。大災害では2年以内には住宅も生活も再建できないために、建設型仮設住宅の使用は阪神・淡路大震災では5年間、東日本大震災の岩手県では10年間だった（福島県のみなし仮設は継続中）。ましてや既存の賃貸住宅を活用しているみなし仮設は、建築基準法を満たしているのだから2年の使用制限という根拠は乏しい[16]。本来、仮設退去に関する時期の判断は、災害救助の原則（必要即応原則、必要な人に必要なものを必要な程度）を踏まえて、被災者の住宅・生活再建と健康状態等の状況にもとづかなければならないはずである。

第4節　みなし仮設からみた復興施策の課題

1　異質な「空間の質感」への転居という経験

篠原雅武はその著書『空間のために―遍在化するスラム的世界のなかで―』（2011年）において「空間の質感」を論じている。空間は物理的環境を含みながら、そこには人やモノとの相互関係とともに色彩や匂い、音、シルエットなどの感覚的にとらえられる動きの多彩さや活気、他方でそれらの希薄さや寂しさなどを含んでいる（篠原2011：第2章）。このような「空間の質感」は人々にとって暮らしの中で慣れ親しんだものであろう。災害はそれを根本から変えてしまう。

避難所等を経由してみなし仮設に入ったことによる生活環境の激変は、被災者の生活と心身の健康に大きな影響を与えた。農家等の戸建住宅から車中泊または親戚宅、そして町外のみなし仮設（アパートやマンション等）へと転々とする過程で認知症が悪化した高齢者。気心知れた住人がいる慣れ親しんだアパートから町外の全く知らない土地のアパートに移り、アルコール依存のようになった単身の壮年男性。小さなアパート（みなし仮設）に移った後、元の集落と解体された自宅跡になかなか足を運べず苦しみから抜け出せない高齢女性。町外のみなし仮設に入り、友人と会えなくなったことなど環境の変化にストレスを溜めている知的障害のある青年。被災によって慣れ親しんだ生活環境から離れることは、生活の物質的環境に加え、社会関係、そしてアイデンティティに影響を与える。その変化の中に、暮らしの匂い、音、光、陰影、手ざわり、温もりなどの「空間の質感」が含まれている。みなし仮設で暮らすことは、それらが豊かになり生き生きとアクティブになるのではなく、それまでとは異質な「空間の質感」に自らを適応させたり、調整することを余儀なくされる経験でもある。東日本大震災によって石巻市で被災し、仙台市のみなし仮設に入居した85歳の一人暮らし女性は「外国に来たと覚悟している」と語ったという（岡田２０１５：38）。プレハブ仮設の被災者にも「空間の質感」の変化はあるが、みなし仮設ではプレハブ仮設とは異なり「空間の質感」を共有することが難しい[17]。つまり被災者同士の交流の場を持ちにくく、相互に不安や不満を語れる場を得にくい。みなし仮設の支援において、行政は「空間の質感」の特徴、すなわち、その異質化と共有不能にどのように向き合ってきたのだろうか。

2　行政・政治によるみなし仮設の「分離」と「隔離」

益城町の場合、約１６００世帯のみなし仮設のうち、約3分の2が町外であり、20を超える市町村に分散的にバラバラに避難している。筆者は益城町内のみなし仮設にも何度か訪問したことがあった。その時、彼らは町外のみなし仮設で暮らす人たちより、親戚や友人・知り合いが近くにいることから慣れ親しんだ地域への安心感を持っているように感じた。前述の「空間の質感」という点で、益城町内のみなし仮設では震災前との連続性と親和性、馴染み感が伝わってきた。熊本県はみなし仮設を運用しているのであるから、その特徴を十分に踏まえた災害救助施策・生活再建支援策を実施する必要があった。

その点で、住み慣れた地域との、これまでの社会関係との断絶を経験している多くのみなし仮設の住民へのサポートが、ほぼ戸別訪問に限られてきたことに疑問を抱かずにはいられなかった。みなし仮設の人たちの状況を、物質的環境の著しい変化の上に「空間の質感」の異質化と被災者としてのアイデンティティの共有可能性の欠如に晒されていると理解すれば、戸別訪問と同様に、むしろそれ以上に、あるいはそのベースに集団的・集合的なアプローチが不可欠である。しかし、前述のように、熊本県は地震以降、「空間の質感」を含んだ「社会的孤立」に対応する政策を打たなかった。その課題の意味に気づかず、むしろ放置してきた。東日本大震災においても、みなし仮設は孤立しやすく、戸別訪問中心では対応が困難であることはすでに経験済みである[18]。熊本地震においてみなし仮設を大量に用いる際、どのような政策がいかなる結果を招くかは、ある程度想定できたはずである。それゆえ、熊本地震におけるみなし仮設の孤立は、政治・行政によってなされた従前の地域からの「分離」と避難生活過程での「隔離」というべきだと考える（それは「復興災害」という概念とも重なる、塩崎２０１４）。

3　被災者の自治活動への行政・議会の無理解・無関心

災害救助・生活再建支援の過程において、なぜこれほどまでに交流や自治が軽視されているのか。その手がかりは、プレハブ仮設における住民自治に対する行政の姿勢に見てとれる。プレハブ仮設の居住形態はみなし仮設とは違って、団地ゆえに集合的な形態をとっている。過去の震災の教訓に学び、熊本地震では20戸ほどの団地にも集会所が作られ、２００戸以上の団地では約80戸ごとに1か所の集会所（みんなの家）が設置されている。その他、大規模団地の場合には、団地内での戸別訪問や交流支援を担う地域支え合いセンターのための独立した事務所も用意された。

ある程度の規模の団地では自治会結成のために、当初、行政職員が自治会役員決めに関与した。そして自治会長は住民集会を開き、班組織や班長などを決めた。自治会は、ボランティアとも連携しながら、交流活動を中心に団地内のつながりをつくっていった。しかし行政は、自治会が結成されると仮設団地に足を運ぶことなく、自治会に関わろうとしなかった。ある仮設団地の自治会長は「行政は仮設自治会を仮設団地の管理のための手段にしている」と語った[19]。行政の関与は最初だけで、後は委託団体に委ねた（安否確認のための戸別訪問や自治会支援）。そのため行政に直接訴えたいことも支援団体や社協が間に入ってなかなか伝わらない。活発に交流している自治会ほど自治会長や役員などの肩に責任と負担が大きくかかり、時間が経つに連れて行政から責任を負わされたように感じていた[20]。実際に行政は自治会長からの団地内の環境整備や建物周辺の改修の要望等にも丁寧に対応しなかった。行政にとっての仮設住民の自治とは、お互いに交流して孤立や孤独死を防ぐという住民の自助努力と相互扶助の範囲のものであったと言わざるを得ない。[21]

4　被災者と政治・行政の間の共有できる言葉と舞台の欠如

被災者の声はさまざまな方法で熊本県や市町村に届けられたが、実現したものは少ない。みなし仮設の住み替えの希望に対しては柔軟性がなく、みなし仮設の延長には極めて厳しい条件が課されて大量の世帯が申し込みさえできなかった。なかでももっとも重大なものが、医療費の窓口負担等の免除措置の復活要望（2018年9月の県議会に17名の仮設団地の自治会長等を呼びかけ人とする2万筆以上の署名と合わせて免除措置復活の請願を提出）への対応であった。被災者の要望・請願に対して合理的な説明もないまま、その声は完全に無視された。[22]被災地の一住民として、被災者の近くで支援者として関わってきた者として、被災者の立場で奮闘している多くの行政職員や議員を知っているが、《被災者の声は聞くな》というのが、熊本県行政トップや県議会与党の基本的な姿勢であると痛感した。[23]行政・議会に要望が通らないというのは、常に社会的に弱い立場に置かれた者が経験することである。しかし、今回は訴えた被災者が「検討された」「受け止められた」という感覚を全く持てなかった。

ジャック・ランシエールは、「政治的共同体」に参加するには話すことや聞くことが前提になっているが、それだけでは共同体にはならないという。言語を介する政治的共同体とは感情の共同体であり、話すことは単語やメッセージと同時に、ある種の感性的な正義を、ある種の立場の配分を伝達することだと述べる（ランシエール２００８：１３４―１４０）。ここでのテーマに引き寄せれば、自らの要望を語る被災者に対して、それを拒否する行政・議会という構図ではなく、行政が被災者を政治・行政に対して語ることができる存在だと思っていないことである。問題は、政治・行政の内部にいる人たちが被災者の主体性を認めずに二つの世界は別物だと見ていることである。つまり、熊本県政・議会は被災者との間に対話の場面を設定しようとせず、コミュニケーション能力を持ち、共通の事柄を討議する存在として被災者を認めていないという問題である（形式的に署名を受け取ったり請願を受け付けたりはした）。

現行秩序の正義に対して、被災者は自らの苦しみに根ざした要求を投げかけて課題提起を行った。しかし熊本県政の側が、被災者と共有できる言葉も舞台も持っていなかった。ランシエールは別世界として区分された異質の二つの領域に、分有された言葉と共同の舞台を積極的に作り出す必要があると指摘する（ランシエール２００８：１４３）。そこで重要なのは、政治・行政が耳を貸そうとしない主題に耳を傾けさせること、一つの共通性（共同体）を創設することである。それぞれの被災地で求められていることも、このような言葉と舞台、「政治的共同体」を作り出すことである。

5　異質な二つの領域をつなぐために

前述の仮設自治会長が語っているように、政治・行政はプレハブ仮設住民の相互扶助を都合の良い形で自らの秩序（地域支え合いセンターの支援を含めて）に組み込んでいる。そのため被災者を

「分離」「隔離」するという単純な構図では問題を捉えられない。みなし仮設についても、地域支え合いセンターの戸別訪問が政策秩序の一端を担っている。それは同時に「分離」と「隔離」を覆い隠し、その状態を固定化する装置にもなっている。しかし、それでもなおみなし仮設の被災者の実態は、健康悪化や孤独死として表面化してきた。

この共有する言葉と舞台を欠いた異質な二つの領域をいかにつなぐか。自助を組み込みながらの「隔離」、二つの領域の壁を乗り越えるには、交流と話し合いを促進し、壁を取り除きさえすれば良い、という発想では問題構造を固定化するだけになりかねない（篠原2011：130—131）。私たちは社会的に弱い立場の人たちが空間的にも政治的にも「隔離」されていること、そして自らも同じように共通の言葉と舞台を持たない異質な領域に身を置きながら、（被災者の）「隔離」にも与していることを認識するところから歩み出さなければならない。

注

1　被災地の現場での参与観察を通じた研究書に、文化人類学者（元九州大学教授、元国立民族博物館教授）・竹沢尚一郎氏による『被災後を生きる—吉里吉里・大槌・釜石奮闘記—』中央公論新社、2013年がある。本研究が参考にした研究手法の一つである。

2　「災害救助法による救助の程度、方法及び期間並びに実費弁償の基準」第1章第2条第2項に定められている。

3　東日本大震災のみなし仮設入居の経験においても住宅市場で十分に選択できるものでなかった。「空家・民間賃貸住宅の活用と居住支援協議会から考える『今後の住宅政策』—東日本大震災での借り上げ（みなし仮設）住宅の実態を踏まえて―」（第24回学術講演会ワークショップ①）『都市住宅学』97号、都市住宅学会、２０１７年、米野史健氏が岩手県での調査結果を報告している。

4 「平成29年度　熊本地震に伴う健康調査報告書」熊本県健康福祉部健康局健康づくり推進課、https://www.pref.kumamoto.jp/common/UploadFileOutput.ashx?c_id=3&id=21893&sub_id=1&flid=127572（２０１８年10月30日確認）。

5 西日本新聞ニュース「『心の不調４割』　熊本地震　県が仮設入居者健康調査」２０１８年９月10日15時８分、https://www.nishinippon.co.jp/nnp/kumamoto/article/448377/（２０１８年10月30日確認）、熊本県が２０１８年３月～６月に県内19市町村の18歳以上を対象に実施し１万２５１８人が回答した。

6 センターの委託元の社会福祉協議会および町役場との間においても筆者が研究者として関与し、個人情報を扱うこと、プライバシーに配慮して論文などで取り上げて発表することの許可を得ている。なお、センターの訪問活動での聴き取り内容は生活全般にわたる。

7 朝日新聞［熊本版］２０１８年３月４日朝刊、「日曜インタビュー聞く『みなし仮設の孤立対策』当事者組織を発案　熊本学園大教授　高林秀明さん」および withnews（朝日新聞運営）２０１８年４月12日「『親戚にも住所、教えきらんとよ』熊本地震、アイデンティティの危機」出所 https://withnews.jp/article/f0180412002qq00000000000000G00110601qq000017144A（２０１８年10月23日確認）。

8 みなし仮設の入居者の交流会「つながる広場」は、震災の年の12月に第１回を開催し、震災後３年間に不定期であるが年３回ほど、多くのボランティア団体と益城町地域支え合いセンター（よか隊ネット、後にminori）の協力によって開催した（高林秀明：２０１９b）。主に広安西小学校を会場にした、物資配布や炊き出し、交流会などのイベントに、約３００人のみなし仮設の入居者の方々が参加した。みなし仮設に特徴的な孤立問題への対応として、戸別訪問と相談活動のみでは有効ではないため、定期的に交流できる場所をつくったり、常設の交流拠点などを設けることが必要である。

9 みなし仮設の住民の健康状態については宮城県が継続的な調査を行っている。佐藤弥生子、橋本朱里「みなし仮設住宅入居者健康調査から考える被災者支援のあり方について」『保健師ジャーナル』74巻3号、2018年。2011年から毎年6度にわたる調査結果から、みなし仮設の住民はプレハブ仮設と比べて、朝または昼から飲酒する者の割合が高いこと、社会行事への参加が少ないという特徴があると述べている。コミュニティから切り離された方への配慮が必要であるとも指摘している。

10 仙台市においても、プレハブ仮設・みなし仮設ともに「被災者交流活動助成事業」が設けられ、1事業当たり10万円が限度で、1団体当たり年度内に3回まで利用できる。岡田（2015：36）より。

11 岡田、前掲書、29―31頁、仙台市若林区でみなし仮設住民を中心に被災者相互の交流と親睦を図る会として「若松会」が発足した。当初は3家族17人だったが、その後会員は約60世帯170人にまで増えた。東日本大震災によって被災した福島県富岡町は同町から郡山市に避難した人たちの常設の交流拠点として同市内に「絆カフェ」を設置した。みなし仮設等に住む避難者の自治会づくり（みなし仮設「居住会」）を支援し、10世帯以上のグループに活動助成金を出している（2017年12月、筆者の現地での聴き取りによる）。また、宮城県と岩手県の三陸沿岸出身の被災者が月1回集う「ひまわり会」が2012年2月から仙台市内で開かれてきた。仙台市内では20以上の交流団体が誕生した。これらは「同郷サロン」などと呼ばれるもので、みなし仮設に入居した避難者らをつなぐ重要な役割を果たした（河北新報、2018年5月16日朝刊）。

12 熊本日日新聞、2016年8月4日、5日、6日の各朝刊。「復興基金の役割㊤㊥㊦」。

13 西日本新聞、2017年3月27日朝刊（31面）「みなし仮設住み替え『ダメ』」「被災者『個別事情考慮を』」。

14 熊本日日新聞、2017年4月1日朝刊。

15 熊本日日新聞、2018年2月3日朝刊「熊本市66世帯が仮設入居延長対象外」。

16 災害救助事務取扱要領（平成30年4月）には、みなし仮設の供与期間は「恒久住宅へ移転した者との均衡等を考慮して、建設型仮設住宅の供与期間（2年以内）の範囲内とすること」とある。災害救助原則との整合性が問われる。2018年10月に示された二度目の延長条件はさらに厳しくなった（賃貸物件が見つからないは認められなくなった）。篠原、前掲書、第2章。

17　甲佐町の白旗仮設（当初109世帯）の自治会長・児成豊さんは、「仮設生活が2年以上になると入居時は知らない者であってもいまや家族以上の関係（何でも相談したり助け合う）になっている」と語る（2018年10月25日、児成豊さんのお話、県庁議員控室にて）。

18　宮城県では応急仮設住宅での孤独死件数はプレハブ仮設のみ公表され、みなし仮設は非公表となっている（東日本大震災復旧・復興支援みやぎ県民センター「東日本大震災　被災地の現状と県民センターの取り組み」2018年6月16日）。

19　2018年5月21日に益城町の5つの仮設団地を訪問し、自治会長や住民から被災者の生活や健康状態についてうかがった。その際の自治会長の聴き取りから。

20　『暮らしと自治　くまもと』2018年8月号、くまもと地域自治体研究所、1－3頁、荒瀬芳昭さん（益城町木山仮設東自治会長）のインタビュー。

21　熊本地震における建設型仮設とみなし仮設の孤独死発生件数、地域支え合いセンターの職員配置状況、集会所・自治会の状況、経費に関する資料をまとめた（**参考表**3－1、3－2、3－3、3－4）。みなし仮設の孤独死の割合は建設型仮設を上回っている。これらを戸別訪問し、相談・支援等を行う地域支え合いセンターの職員配置状況は、建設型仮設の方が充実している。ただし、小規模な仮設団地はみなし仮設と同程度の低水準である。集会所や自治会の状況は雲泥の格差がある。経費はみなし仮設の方が圧倒的に少ない。

22　仮設団地の自治会長が医療費等の減免措置の継続を求める請願書を2017年9月の県議会に提出した。1年後の2018年9月の県議会には17の仮設団地の自治会長が被災者の医療費等の免除措置復活を求める会を立ち上げて、2万筆以上の署名とともに請願書を提出した。いずれも県議会の厚生常任委員会の自民党と無所属の議員の反対で不採択となった。

23　熊本日日新聞の2017年4月13日の社説（「熊本地震14日で1年　問い直される社会の在り方」）のなかで、経済的な課題や地盤への不安、生活保護世帯、障害者の生活再建の課題に触れた上で、次のように書いている。「ある被災者支援の担当者は上司から『（課題を）掘り起こすな』と言われたという。地震で直接生じた課題を優先させ、貧困などには目を向けるなという指示のようだ」。地元紙が行政の対応について社説でこのように書いたことは、多くの被災者や支援者の声を代弁していると感じた。

参考表 3－1　熊本地震における建設型仮設とみなし仮設の孤独死発生件数

	世帯数	人数	孤独死（孤立死）の件数	割合（%）	1万人当たりの件数	建設型を100とした場合
建設型仮設（プレハブ仮設）	4,173	11,027	6	0.05	5.44	100
借上型仮設（みなし仮設、公営住宅含む）	16,116	36,988	27	0.07	7.30	134

注：世帯数と人数はいずれもピーク時。
出所：筆者作成。

参考表 3－2　熊本地震の建設型仮設・みなし仮設の地域支え合いセンターの職員配置状況（益城町）

	地域支え合いセンター			職員配置	配置比率
地域支え合いセンターが設置されている仮設住宅	担当世帯数＊1	職員総数＊2	フルタイム換算	職員1人当たりの世帯数	建設型合計を100としたとき
建設型仮設（プレハブ仮設）	1,547	37	30	52	100
木山仮設団地	220	9	8	28	185
テクノ仮設団地	516	18	12	43	121
その他の仮設団地（15団地）	811	10	10	81	64
借上型仮設（みなし仮設）	1,611	28	24	67	78

注：＊1、＊2ともにピーク時の数。
出所：筆者作成。

参考表 3－3　熊本地震の建設型仮設・みなし仮設の集会所・自治会等の状況（益城町）

地域支え合いセンターが設置されている仮設住宅	世帯数＊1	居住形態	集会所（みんなの家）の設置数	仮設住民の自治会	自治会への助成金支給実績＊2	ボランティアの継続的な関わり・支援＊3
建設型仮設（プレハブ仮設）	736	集合住宅団地	約80戸ごとに1か所	あり	あり	あり
木山仮設	220	集合住宅団地	3	あり	あり	あり
テクノ仮設	516	集合住宅団地	7	あり	あり	あり
その他の仮設団地（15団地）	811	集合住宅団地	各1か所	あり	あり（団地による）	あり（団地による）
借上型仮設（みなし仮設）	1,611	27市区町村に分散（町外に約7割）	なし	なし	なし	一部

注：＊1　ピーク時の数、＊2　復興基金による仮設住宅等コミュニティ形成支援事業の利用実績、＊3「つながる広場」等の年間数回のイベントあり。
出所：筆者作成。

参考表 3－4　熊本地震の建設型仮設・みなし仮設の経費

	戸数（世帯数＊1）	経費（億円）	1戸当たりの経費（円）	比率（建設型を100とした場合）
建設型仮設（プレハブ仮設）	4,179	374.9	8,971,046	100
借上型仮設（みなし仮設）	15,051	286.0	1,900,206	21

注：＊1　ピーク時の数。
出所：熊本県の資料をもとに筆者作成。

第4章　被災者の健康と生活からみる社会保障の問題

第1節　分析視点

1　被災者の「生活問題」とは何か

2024年9月上旬、私は学生2人とともに奥能登のある仮設住宅を、食器類とレトルトカレーなどを配りながら一軒一軒訪問していた。

玄関のベルを鳴らすと60代とみられる女性が生気のない表情で出て来られた。熊本から来たボランティアだと伝えると、遠方からの訪問者に感謝と喜びをあらわして、室内に招き入れてくれた。10日前に仮設に入居したとのことで、被災後からの経緯、被災前の生活について語ってくれた。

女性は、両親を長く介護して看取った。その間、働けなかったため生活に窮した。ストレスから悪性腫瘍になった。余命半年と宣告されたが、治療後に9年間も生きられている。自宅は全壊した。

県内の2次避難所の旅館で2か月、県南のみなし仮設（アパート）で約5か月過ごした後、ようやく8月に建設型仮設に入居できた。年金が少なく、切り詰めている。3か月に1度、抗がん剤投与と検査のために通っていた病院には地震から今日まで行っていない。病院が少し遠いことも理由だが、これまでは気力が出なかった（ボランティアの声かけがあり、12月に仮設住宅の集会所の交流会に初めて参加した）。

この女性のように、被災者は被災して初めて生活の困難や不安を抱えるのではない。被災前からの生活や健康の諸問題の上に、被災によってさらに困難や不安を背負うのである。被災者は被災後を生きる生活者である。被災者の生活の上の諸課題を「生活問題」と呼べば、被災者は「従前からの生活問題」に加えて「被災による生活再建問題」を背負っている。被災者の抱える生活問題は、二重の意味での生活問題なのである。[1]

2　被災者の生活再建に関する制度

同様に、被災者の生活を取り巻く制度は、被災以前の制度と連続している。つまり、被災者は、被災以前の制度とかかわりをもちながら、被災後に災害救助や生活再建の諸制度とつながる。

例えば、対象要件に該当する被災者に対して、医療保険料や窓口負担が（一定期間）、特例的に減免される。平時から医療保険制度の保険料や窓口負担が適切な水準であれば、被災後の被災者の生活への影響は少なく、被災者のための保険料や窓口負担の減免等の施策も一定の効果を発揮するだろう。しかし、平時において窓口負担が大きい等の経済的理由のために多くの人たちが受診抑制をしている場合、被災者の減免施策には高い効果があるが、施策が打ち切られた後の反動も大きい。また、自治体の平時の総合計画等は災害後も自治体の方針であるとともに、自治体は新たに復興計画を策定して、被災後のまちづくりを進める。平時から住民の意見を丁寧に聞き取ってそれをもとに計画づくりをしている自治体とそうでない自治体は、復興計画の策定のあり方にも違いが出るだろう。つまり、平時の自治体の政策決定過程等における民主的運営の水準の上に、災害後には災害にかかわる諸制度が働くのである。その意味で、平時の制度が災害時の制度の内容や水準を規定するという関係とともに、災害時の制度の問題とその原因は平時の制度のなかにあるとみることができる。

被災者の「従前からの生活問題」＋「被災による生活再建問題」という二重の生活問題と同様に、被災者にとっての制度についても「平時からの社会制度」＋「災害後の災害救助・生活再建制度」の二重の社会制度が関与している。被災者のかかえる生活問題をトータルに把握することは従前からの生活問題をもつかむことであり、被災者の救助・生活再建支援等の制度の問題点を明らかにすることとは平時の生活にかかわる制度の問題も含めて制度全体の問題を認識することである。本章は、このような視点から被災者の生活問題と社会保障等の制度について事例調査等をもとに分析する。

第2節　被災者の健康と受診控え

1　被災者の健康状態

熊本地震による災害関連死は222人と直接死50人の4倍以上である（他に大雨による二次災害死5人）。これは被災者の避難環境の厳しさの結果といえる。地震後、避難所数は熊本県内で最大855か所を越え18万人以上が避難したとされるが、実際には車中避難（車中泊）や在宅避難者の数を含めるとその数倍にのぼるはずである。余震が続くなか、多くの人が、公園やグランド、商店の駐車場、自宅の前などでの車中泊、または自宅避難をせざるを得なかった。公共施設等避難所の避難スペースが圧倒的に不足したため、被災者の多くが自分や家族の健康状態や体力、プライバシーを心配して避難所に行けなかった。とくに高齢者や障害者、乳児連れなどは避難所に受け入れる条件がないために、公共施設への避難をあきらめて、それぞれに厳しい避難生活を強いられた。安全で安心できる場でなければならない医療機関も大きな被害を受けて、転院・退院を余儀なくされた人たちも多かった。車中泊によって認知症が悪化したり、筋力低下で歩けなくなったり、静脈血栓塞栓によって亡くなる人も出た。避難所に入った人たちも、物資や食料の不足、それらを受け取る長蛇の列に並ぶストレス、医療・看護等のサポートの乏しさなどのさまざまな困難に直面した。このような避難状況の中で震災関連死が増え続けた。関連死した人の年齢層は高齢者が圧倒的に多いが30代や50代にもみられる。初期には避難所や車中での心肺停止が目立ち、被災による入院中の病院からの転院という状況下で亡くなった人たちも少なくない。

２０１６年4月16日、阿蘇市の79歳の女性は本震直後に車で自宅を出て午前3時ごろ近くの学校に避難したが、午前4時過ぎに胸が痛くなり、救急搬送された後に午後0時過ぎに亡くなった（熊本地震の11人目の震災関連死認定、熊本日日新聞［以下、熊日と略す］、２０１６年4月23日朝刊）。熊本市では地震後にうつ病となり、自殺した男性が認定された。親族が経営する会社の工場長を務めていた男性は、工場が被災したことで落ち込み、精神科でうつ病の診断を受けていた（熊日、２０１６年8月2日朝刊）。また、熊本市で9月に生後約3週間の女児が亡くなった。前震当時に妊娠5か月だった母親は10日ほど車中泊を強いられた。かかりつけ医も被災したため県外の病院に入院した後、感染症のため早産した。熊本市は「車中泊による身体的ショックや、風呂に満足に入れない環境で、早産や感染症のリスクが高まったことは否定できない」と判断した（熊日、２０１６年9月30日朝刊）。

震災半年時点での報道によると、関連死のうち公表された48人の死因は急性心筋梗塞や急性心不全などの循環器疾患が少なくとも約4割にのぼった。疾患の内容からみて、関連死の原因には、地震後の劣悪な避難環境、長引く避難生活による負担やストレスがあった（神戸新聞、２０１６年10月14日）[2]。

被災とその後の避難環境から健康への影響を受けたのは関連死に至った人だけではない。熊本市の被災者調査（２０１7年）によると、回答者の36・7％が地震後に体調の悪化を経験している。「震災前から持病があり悪化した」が１６１人（15・5％）、「震災前は特に病気はなかったが震災後体調が悪くなった」が１８９人（18・２％）、「介護が必要な状態になった」が31人（３・０％）、「特に問題ない」が６２１人（59・９％）、「その他」が１１９人（11・５％）である（無回答21人、回答者１０５7人、複数回答）。また、震災から半年時点での熊日の独自調査によると、地震後に心身の不調が生じるなど健康面での変化を感じた人はほぼ半数に上った（１００人のうち体調がすぐれない35、持病悪化８等、熊日、２０１６年10月13日朝刊）。

震災関連疾患については、精神科医の寺内奈緒氏が、震災３か月間に発症あるいは増悪した14人の事例（熊本市中央区と菊陽町にある２病院の受診者）を報告している。うち再発が８人、初発４人、悪化２人であり、診断名は、統合失調症が２人、気分障害が７人、知的障害が２人、非定型精神病、高次脳機能障害、急性ストレス障害がそれぞれ１人という。その原因として、①避難所に適応できない・避難生活で不眠が続いたなどの避難環境、②（家屋や宅地等の）経済的損失、③自宅の改修や転居の目途が立たないなどの生活不安、④震災後の業務増加などの過労、⑤地震の直接的な恐怖・外傷的出来事などをあげている。[3]

被災市町村での「要介護認定率」の上昇からは高齢者の健康悪化の広がりが推察できる。震災前の２０１６年３月末と２０１６年11月末と比較すると、益城町では18・４％から20・４％へ２・０ポイント増、西原村では16・８％から18・２％へ１・４ポイント増、嘉島町と御船町でもそれぞれ

20・0％から20・7％へ、17・3％から17・9％へと増加した（県全体では20・8％から21・0％へ0・2増）。熊本県は「地震後の環境変化による心身機能の低下や地域の支え合いが難しくなったことで、介護サービスを利用せざるを得なくなったのではないか」とコメントしている（熊日、2017年1月17日朝刊）。

また、熊本県の第1回被災者健康調査（2017年7月実施）によると、みなし仮設住民は地震前に比べ「あまり眠れなくなった」が33・4％と同時期の県民調査11・9％の約3倍もの高率を示した。体調が「あまり良くない」「悪い」と答えた人28・5％も県民調査の20・1％を上回った。

震災から1年半の間（2017年9月まで）、このような被災者（半壊以上の世帯）の健康を支えてきたのが、医療・介護の保険料および窓口負担の免除措置であった（医療・介護の窓口負担・利用料は全壊・半壊世帯ともに全額免除、保険料は全壊が100％免除、半壊が50％免除）。益城町のみなし仮設で暮らす肺がんを再発した男性は「(医療費の免除措置があるから) 本当に助かっている」としみじみと話した。

ところが2017年9月末にこの制度が打ち切られて状況は一変した。経済的事情から受診を控える被災者が大量に生まれた。熊本市と益城町では打ち切り翌月の受診件数がそれぞれ約2万件（22万件から約10％減）、約4000件（1万5000件から26％減）も減少した。上記の熊本県民主医療機関連合会の調査では、「経済的理由で医者にかかれない」と答えた世帯が26％に及ぶ。[4] 熊本県保険医協会の会長も「受診抑制が生じている」と指摘した（西日本新聞、2018年4月3日朝刊1面）。

震災前から低所得層が加入する国保や協会健保の世帯は経済的理由によって受診を抑制する傾向がある。免除措置打ち切りによって経済的に厳しい状況にある被災者は二重・三重に医療にかかりにくくなったのである。甲佐町の白旗仮設では受診抑制のために救急搬送されたケースも報告されている。

免除措置打ち切りの約半年後、熊本県の第2回被災者健康調査（2018年3月〜6月実施）によると、強い心理的ストレスがある「高度のリスク」と判定された人は8・2％で地震前の約2倍となお高いことが判明した。また中程度と軽度の人を含めて回答者の4割が心の不調を抱えていた。また、免除措置が打ち切られた2年半後、2019年度末までに熊本県内の68団地、1715世帯の災害公営住宅への入居はほぼ完了した。災害公営住宅を筆者が訪ねて被災者と話すと、眠れないという訴えを含め体調が優れないという声をたびたび聞いた。熊本県の調査でも、災害公営住宅入居者の健康状態が県民平均より良くないこと、また前回調査（1年前）よりも悪化していることなどが明らかになった。例えば、「眠れない」は34・5％で県民平均より7・1ポイント高く、前回調査より3・4ポイント悪化した（「第5回こころとからだの健康に関する調査」熊本県、2021年11月）。

このように災害後に被災者の健康状態が悪化し、支えになっていた医療費等の窓口負担の免除措置が1年半で打ち切られ、その後も多くの人たちが心身の健康に問題を抱えている。発災から約2年半から3年時点での私たちの調査から個々の状況をみてみよう。

2　被災者はどのような生活のなかでいかに受診を控えているか

私は、仮設住宅の自治会長らと熊本県民医連とともに、2018年11月から2019年3月まで、益城町、西原村、甲佐町、熊本市にて、9つの仮設団地と一部のみなし仮設の83世帯から聴き取りを行った[5]（**写真4－1**）。健康・生活と受診控えの状態に関して、世帯類型ごとにその実態を示したい。世帯類型別は、**表4－1**のクロス表の縦軸（左側）のように区分した。この表は、生計中心者の性別と年齢層及び世帯構成を示している。まずは、生計中心者が働いている世帯である。

写真4－1　聴き取り調査の様子

事例1　50代の男性は収入減少とローン返済に不安を抱える

50代の男性は一人暮らし。零細な土木事業所に雇われている。持ち家は「全壊」した。震災前に離婚し、家族との交流はない。全壊した家の土地に親せき家族との二世帯住宅を新築中で、早ければ年内（2018年内）に入居する予定である。

現在、高血圧のため内科を受診している。脚が重く痛みがあるが、内科の受診時に様子をみてもらっている。震災前よりも眠りが浅く、何度も目が覚めるせいか疲れやすく、風邪をひくことが増えた。医療費は月に1万～1万2000円くらいで、整形外科にかかると生活が苦しくなるので受診を我慢している。

食事は、コンビニなどのインスタント食品やできあいの総菜、レトルト食品がほとんどである。水光熱費は1万円近く、し好品が約2万円、新築の住宅ローンが7万円かかる。医療費はこれ以上切り詰めることができないため、免除措置の復活を望んでいる。復活すれば整形外科にもかかることができる。

普段の生活は、毎月の給料で何とかなっているが、不足があった時は貯金を切り崩している。「貯金は下ろすばかり」と笑う。不安なことは、以前より収入が減ったこととローンの返済である。親せき家族と同居することへの精神的ストレスもある。「今までが一人暮らしばかりだったからなあ」と。仮設住宅での交流の場には「面倒くさいから」一度も参加したことはない。新築中の家に移れば、そこは生まれ育った場所であるため地域との交流は持てるだろうと思っている。

（調査日：2018年12月8日　仮設団地　甲佐町）

世帯構成）

総数	単身	夫婦のみ	夫婦とその他	本人とその他
100.0 83	41.0 34	22.9 19	21.7 18	14.5 12
100.0 38	15.8 6	18.4 7	42.1 16	23.7 9
100.0 28	21.4 6	21.4 6	42.9 12	14.3 4
100.0 10		10.0 1	40.0 4	50.0 5
100.0 45	62.2 28	26.7 12	4.4 2	6.7 3
100.0 19	52.6 10	31.6 6	10.5 2	5.3 1
100.0 26	69.2 18	23.1 6		7.7 2

事例2　アルバイトの夫婦と子の世帯は受診控えによって持病が悪化した

40代の夫は、妻、子（小学生、幼児）の4人暮らし。夫は電気工事の会社でアルバイトをしている。過換気症候群があり、震

表4－1　世帯類型の特徴（生計中心者の性別・年齢層と

世帯類型	総数	男性	女性	45歳未満	45歳以上55歳未満	55歳以上65歳未満	65歳以上75歳未満	75歳以上85歳未満	85歳以上
合　計	100.0 83	67.5 56	32.5 27	7.2 6	6.0 5	18.1 15	25.3 21	33.7 28	9.6 8
生計中心者か家族が働いている	100.0 38	81.6 31	18.4 7	15.8 6	10.5 4	23.7 9	36.8 14	13.2 5	
生計中心者が働いている	100.0 28	85.7 24	14.3 4	21.4 6	14.3 4	25.0 7	39.3 11		
家族が働いている	100.0 10	70.0 7	30.0 3			20.0 2	30.0 3	50.0 5	
働いている人がいない	100.0 45	55.6 25	44.4 20		2.2 1	13.3 6	15.6 7	51.1 23	17.8 8
厚生年金・共済年金がある	100.0 19	73.7 14	26.3 5			15.8 3	26.3 5	52.6 10	5.3 1
国民年金が主な収入	100.0 26	42.3 11	57.7 15		3.8 1	11.5 3	7.7 2	50.0 13	26.9 7

注：アミかけは合計の平均値より３以上高いもの。上段（%）、下段（実数）。
出所：聴き取り調査により筆者作成。

災前から薬を使用していた。地震でアパートが「全壊」となり、現在のプレハブ仮設に住んでいる。

夫は仮設入居後にイライラすることが多くなり、お酒が以前より増えている。過換気の受診は、医療費の免除措置が打ち切られて、お金がかかるため一時中断した。その結果、症状が悪化したので通院を再開した。症状悪化によって薬が増え、以前よりもお金がかかるようになった。埃などによる呼吸器症状のある子どもは被災後2週間ほど入院した。

妻はアルバイトに就いている。生活費はできる限り切り詰めているが、寒さ暑さのために電気代がかなりかかる。年金の保険料は払えていない。

今後は災害公営住宅に入る予定だが、建

設がいつになるのか分からなくて困っている。災害公営住宅に入るまで医療費が免除になれば、敷金や家具に充てるお金を少しでも貯めたい。

（２０１９年1月26日　仮設団地　益城町）

事例３　夫は非正規、子は自営で自宅再建のため食費を切り詰める

70代の男性は地震前まで妻と独身の息子と３人暮らしであった。持ち家は「大規模半壊」と判定された。仮設住宅に３人は狭いので、自宅敷地にプレハブを建て、息子はそこで生活している。風呂と食事は息子も仮設住宅を使っている。二重生活になるため固定的な出費が震災前の２倍に増えた。

去年、妻が大病で手術し入院していた。いまは下肢の痺れや筋力低下があり、自宅療養している。以前はパートの仕事やウォーキングをしていたが、現在は活動量が低下し、仮設住宅での行事もあまり参加していない。くよくよしていてもどうにもならないので、いまは前向きに考えて生活するようにしていると言う。

収入源は夫婦の老齢年金と夫のアルバイト、自営業の息子の収入である。水光熱費などの固定費は月10万円以上になる。もともとは井戸水を使用していたが、仮設では水道代が新たにかかるようになった。切り詰めているのは食費と電気代である。毎月の国民健康保険料等が約３万円で家計への負担が大きい。支払いは仕方がないが、生活が落ち着くまでは保険料と窓口負担を軽減して欲しいと訴えた。

もとの土地に自宅を再建するつもりだが、蓄えはなく住宅ローンを組む予定である。２０１９年8月の仮設入居期限までに自宅が完成するかどうかはわからない。仮設延長申請は提出したが認められるかどうか。

震災直後は仮設に来ていた行政職員も最近は来なくなった。諸々の手続きをせかすだけではなく、住んでいる様子を見て生活を把握してほしい。（２０１９年2月16日　仮設団地　熊本市）

事例４　入院費や保険料が生活を圧迫しているひとり親世帯

50代の女性は、震災前は持ち家で、息子２人、母、妹夫婦とともに生活していた。本震によって自宅は全壊し、息子２人と母と４人で仮設住宅に入居した。

生計の柱は女性の仕事で、震災前と同じ会社に引続き勤務している。息子２人はそれぞれアルバイトと事務職として働いている。

震災後、自覚症状はあまりないが、体重は約５kg増えた。身体が不自由な高齢の母は、仮設入居してから大きな段差で生活が困難となり、現在は入院中である。

入院費が月に5~6万必要なため、生活を圧迫している。そのため、母と世帯分離し、生活保護受給を予定しているが、相談も手続きも未だできていない。アルバイトの息子の国民健康保険料がとくに高く感じる。医療費が免除になれば助かる。

切り詰めているものは、食費、衣類代、新聞代（取っていない）である。しかし、どうしても削ることのできない水光熱費、車の維持費、ガソリン代、介護費などの出費がかさむ。5月に災害公営住宅に入居予定であり、家賃の支払いに不安を感じている。税金を安くして欲しい。いまは仕事が忙しく、地域活動には参加することができていない。

（2019年2月16日　仮設団地　熊本市）

事例5　農業と年金の高齢者世帯は医療費と保険料がかさみ受診を控えている

60代の男性は妻と暮らしている。2人の子どもはすでに独立している。地震以前から農業と年金で暮らしている。持ち家も納屋も全壊し、仮設住宅の入居期間は2019年6月までの予定である。地震後2年間は、何もやる気が起きず過ごしていたが、ボランティアなどの周囲の励ましで「自分も頑張らねば」と、家や農地の片づけを行うようになった。

収入は本人の年金（月8万）と妻の厚生年金であり、農業はあまり行えていない。家計の中で負担に感じているものは医療費と健康保険料である。健康保険料は生活を圧迫しているが、以前ケガをした時に役に立ったため仕方がないと思っている。

持病に高血圧と不整脈があり、片付けを始めたころから腰痛、足の痛みがある。食事の際に歯がかけてしまい、歯の痛みもある。以前は3つの病院にかかっていたが、医療費免除措置が打ち切られたこともあり、歯の治療をやめて2つの病院だけにした。昨年の夏に心臓の手術の予定だったが、金銭面の理由から先送りになっている。月に1万5000円～2万円程度の医療費を支払っている。

不安に思っていることは住居とお金である。自宅再建の予定だが、お金の工面が難しい。しかも農機具が雨ざらしであるため、自宅よりも納屋を優先したい。6月までが仮設入居期間のため、延長願いを出し返事待ちである。申請が通らない場合は、アパートを探す予定だが、仮設団地での隣人トラブルもあり、持ち家を再建したい思いが強い。「役所は手続きの期間を定めるが、個人個人の進み方は違うため、柔軟な対応をしてほしい。こうやって話を聞きに来てくれることはありがたい」と語った。

（2019年3月2日　仮設団地　益城町）

以上の5つの事例を含む生計中心者が働いている世帯（28世帯）では、生計中心者は男性が多く、家族のいる世帯が多い。不安定な雇用の上に、健康保険料や水光熱費等の固定支出が家計負担となっている。その上、住宅再建の資金確保に不安を抱えている。家計の逼迫のなかで、地震前からの健康問題に加え、地震後に新たに発症したり、持病が悪化するなど、医療費がかさんでいる。医療費の免除措置期間（災害発生から1年半）は受診可能だったが、その後は受診を中断したり控えたりして医療費を切り詰めている。

この調査では、**表4-2**のように、80世帯のうち24世帯、28・9％が経済的な理由によって受診抑制していると答えた。「お金がかかるので受診回数を減らしている」や「窓口でお金がかかるので病気や健康不安があっても病院にかからないようにしている」、「通院・入院等の医療費の支払いに困っている」などの理由である。なかでも、国民健康保険と社会保険（組合管掌や協会健保等）の加入世帯が多い生計中心者が働いている世帯では、「窓口でお金がかかるので病気や健康不安があっても病院にかからないようにしている」という割合が相対的に高い。

次に、生計中心者が無職で家族が働いている世帯である。

事例6　被災後に失業し医療費と住宅費の不安を抱える

60代の男性は妻と実母の3人暮らし。地震により持ち家が全壊した。実母は軽い脳梗塞を起こし

状況

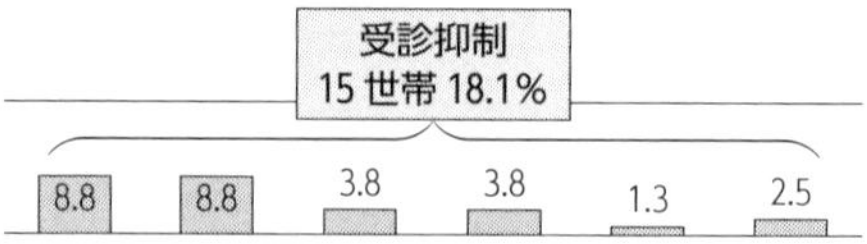

免除措置打ち切り後にいっそう厳しくなったこと					
窓口でお金がかかるので病気や健康不安があっても病院にかからないようにしている	お金がかかるので受診回数を減らしている	お金がかかるので途中で治療を中断している	通院・入院等の医療費の支払いに困っている	お金がかかるので薬局等の売り薬で済ませている	その他
8.8 7	8.8 7	3.8 3	3.8 3	1.3 1	2.5 2
13.5 5	10.8 4	5.4 2	2.7 1	2.7 1	2.7 1
14.8 4	14.8 4	3.7 1	3.7 1	3.7 1	3.7 1
10.0 1		10.0 1			
4.7 2	7.0 3	2.3 1	4.7 2		2.3 1
					5.3 1
8.3 2	12.5 3	4.2 1	8.3 2		

表4－2　被災者の医療費の窓口負担と受診の

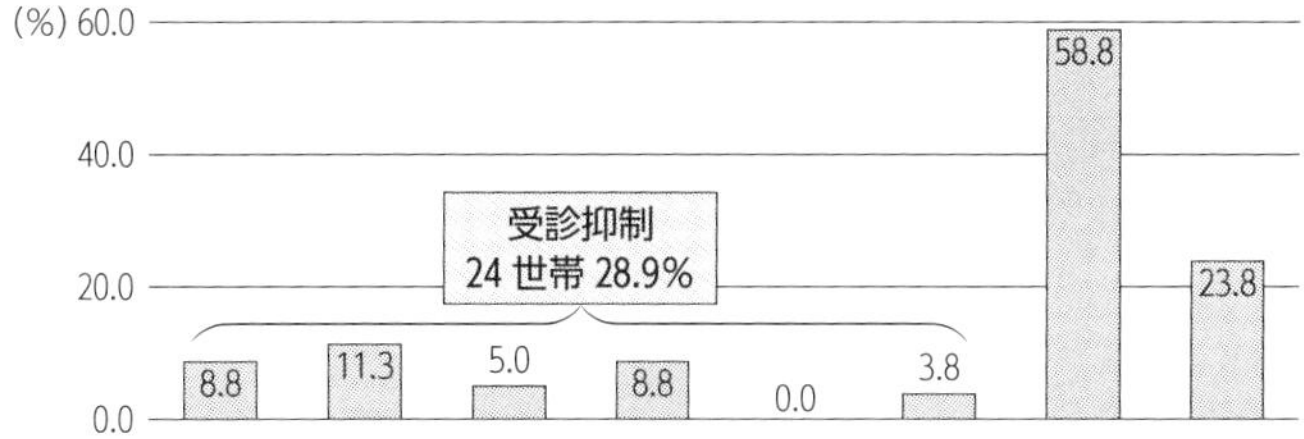

世帯類型	回答者数	現在の状況 窓口でお金がかかるので病気や健康不安があっても病院にかからないようにしている	お金がかかるので受診回数を減らしている	お金がかかるので途中で治療を中断している	通院・入院等の医療費の支払いに困っている	保険証がない／国保証の有効期限切れや資格証明書のために病院にかかれない	お金がかかるので薬局等の売り薬で済ませている	以上のようなことはない	その他
合　計	100.0 80	8.8 7	11.3 9	5.0 4	8.8 7		3.8 3	58.8 47	23.8 19
働いている人がいる	100.0 37	13.5 5	10.8 4	5.4 2	13.5 5		5.4 2	54.1 20	24.3 9
生計中心者が働いている	100.0 27	14.8 4	11.1 3	3.7 1	7.4 2		7.4 2	51.9 14	29.6 8
家族が働いている	100.0 10	10.0 1	10.0 1	10.0 1	30.0 3			60.0 6	10.0 1
働いている人がいない	100.0 43	4.7 2	11.6 5	4.7 2	4.7 2		2.3 1	62.8 27	23.3 10
厚生年金・共済年金がある	100.0 19		5.3 1					84.2 16	21.1 4
国民年金が主な収入	100.0 24	8.3 2	16.7 4	8.3 2	8.3 2		4.2 1	45.8 11	25.0 6

注：アミかけは、合計の平均値より3以上高いもの。
出所：表4－1に同じ。

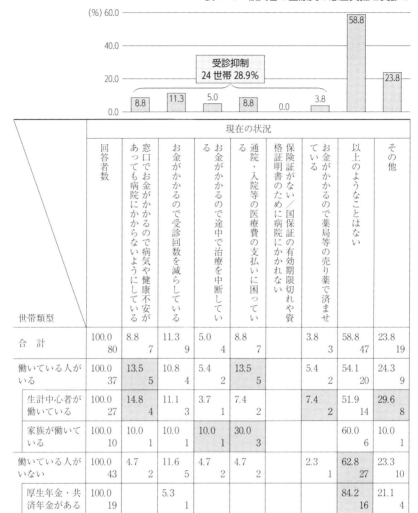

施設入所した。

トラック運転手をしながら生計を立てていたが、地震から20日ほどしたころ、息子夫婦と自宅の片づけを行っていた際に脳出血を起こした。右片麻痺が残り杖歩行となった。そのため、会社を退職し、現在は無職である。今は自宅周辺を散歩しながらリハビリをしている。主な収入は厚生年金であり、妻が臨時で農家の手伝いに行って生計を助けている。

現在、世帯全体で月10万程の医療費がかかっている。関節の痛み、めまい、眠りが浅い、寝つきが悪いなどの症状がある。脳出血後、月1回定期受診を行っているが、風邪などの健康不安があっても費用の心配から受診をためらう。「医療費免除を延長して欲しかった」と言う。以前は飲酒後すぐに寝ていたが、今は睡眠薬を服用しないと寝られない。また、妻の友人が遊びに来た時に笑い合うことはあるが、家に引きこもりがちで笑うことが少なくなった。

自宅再建の見通しは立っているが、まもなく仮設入居から3年目を迎えるため、仮設の入居延長が必要になる。貯金はあるが自宅再建の費用にほとんど消えてしまう。無職となって収入が減って今後の生活に不安がある。

（２０１９年2月16日　仮設団地　熊本市）

事例7　受診を控え電気代を切り詰めている親子

60代後半の女性は、震災前は息子と持ち家に暮らしていた。震災後、数か月は自宅に住んでいたが、全壊の判定を受けて仮設住宅に入居した。

現在、本人の年金収入（厚生年金）と息子の給与で生計を立てている。買い物は息子と一緒に行き、まとめ買いをしている。本人は高血圧があり通院中。また、震災後、足が悪く、こむら返り、親指の付け根が痛くなる等の症状がある。病院で検査し、膠原病の疑いがあると言われ、現在も検査のため通院している。医療費は月に7、８０００円程度で、検査があると1万円を超えることもある。息子は腰を痛め、一度病院を受診したこともあったが、その後は医療費が負担になるため病院に行くことはなかった。

電気代が高くて夏はクーラーを使わず切り詰めていたこともある。通常の医療費減免制度などは知らない。医療費の免除措置の復活を希望する。今後は災害公営住宅に引っ越す予定で、役所から10万円の引っ越しに対する支給はあるが、引越し費用の他に敷金3か月分、家賃が2万円以上かかるため負担が大きい。

（２０１８年12月8日　仮設団地　甲佐町）

生計中心者が無職で、家族が働いている世帯は、私たちの聴き取り調査では少なかった（10世帯）。生計中心者の多くは高齢で健康状態は良くない。生計中心者が働けないことで、収入が減っていると訴えている。健康保険は国民健康保険または後期高齢者医療であり、医療費の窓口負担の支払いに困っている世帯が多くみられた（4割）。相談相手は親族や地域の人が多い。他方、地域活動に関しては、積極的に参加している世帯とまったく参加していない世帯とに分かれた。

続いて、働いている人がいない世帯で、厚生年金や共済年金がある世帯、国民年金が主な収入の世帯の2つのタイプである。

事例8　厚生年金で暮らす単身男性は免除措置打ち切り後に通院の回数を減らした

60代の男性は一人暮らし。地震で戸建ての賃貸住宅が全壊した。いまは2DKのアパートにみなし仮設として入居している。現在、無職で収入源は厚生年金のみである。普段は散歩する程度で、ほとんど動かない。地震前はパートの仕事をしていたが、仕事量が減ったため退職した。少しでも働こうとシルバー人材センターの仕事を申し込んでいる。

健康については、まったく一睡もできないことがある。頻尿もあって眠りも浅く、地震後に不眠がひどくなっている。週2回、車で通院や買い物に出かける際、睡眠不足では危険なので、その前夜は睡眠導入剤を飲むようにしている。疲れやすく体がだるい。肩や首すじがこる。背中や腰、手や足の先が痛い。笑うことが少ないと思う。アルコールはあまり飲まなかったが、地震以降に飲む量が増えている。

糖尿病があり、自炊しながら血糖値をコントロールしている。今年に入って、変形性の脊椎症のため左手のしびれ、背中の左側の痛みに襲われた。毎日が苦痛で死のうと思った時期もあった。今は薬でコントロールしている。去年から血圧が上昇した。薬は降圧剤と糖尿、便秘、睡眠薬である。去年の9月に医療費の免除措置が打ち切られるまでは1か月に1度の通院だったが、それ以降は2

か月に1度に減らした。現在、医療費は月に1万円ほどかかる。

10万円ほどの少ない年金での生活は食べるのがやっと。親戚の法事等で出費がかさむ時は家計に余裕がない。医療費の免除措置が復活できるならば希望する。これまで通り全額免除ではなくとも半額でも補助して欲しい。保険料は高いと思うが払っている。普段からの医療費減免制度のことは知らない。家計でかさむものは、民間の生命保険の掛け金、携帯電話代、交際費である。電気やガスはなるべく使わないようにしている。通院回数も減らし、薬もジェネリックにした。心配なことは自分の健康のこと。介護についてはそこまで生きていいものかと思う。貯金を崩すぐらい収入が足りず赤字である。

アパートの近隣の人とは挨拶さえしないし、地域活動に参加することもない。この地域では地震で避難してきている人だと見られているように感じて、周りの目が気になる。何となく疎外感を感じる。そういう点で生活再建のための支援が不十分だと思う。3か月に1回ほど地域支え合いセンターのスタッフの訪問があるが、相談相手や話し相手がいないことも心配の一つである。今後は災害公営住宅への入居を予定している。最近は人の名前を思い出せなくなっている。ガスの火を付けっ放しで外出したり、車のエンジンをかけたまま自宅に戻ったりと呆けてしまったのではないかと不安がある。

（2018年12月22日　みなし仮設　熊本市）

以上の厚生年金（または共済年金）が主な収入源の世帯（19世帯）は、生計中心者は男性か、世

(本文掲載分)

医療	暮らしの困難・不安	かさむもの	切り詰めているもの	住宅の見通し
医療費は月に1万～1万2千円、節約のために整形外科は受診を我慢	収入の減少、住宅ローンの返済、新築する二世帯住宅に親戚との同居の不安	水光熱費、嗜好品、住宅費用、医療費	医療費	自宅再建
免除措置打ち切り後に治療中断	夫と子の健康不安年金保険料の未納	電気代	できるだけ切り詰めている	災害公営
保険料の支払い月3万円の負担が大きい	仮設が狭く別にプレハブを確保、住宅再建費の工面	光熱費など固定費は月10万円以上	食費、電気代	自宅再建
入院費が月に5～6万必要で、入院費が生活を圧迫している	アルバイトの息子の国民健康保険料がとくに高い、今後の家賃の支払いが心配	水光熱費、車の維持費、ガソリン代、介護費	食費、衣類代、新聞代(取っていない)	災害公営
月1万5千円から2万円の支出。歯の治療をやめて2つの病院だけに。金銭面の理由から心臓の手術を先送り	自宅再建を希望するが、お金の工面が難しい	医療費と健康保険料	医療費	自宅再建
月10万程の医療費、負担が大きいので風邪などでは受診をためらう	無職となって収入が減少し、今後の住宅資金が不安	医療費		自宅再建
医療費は月に7～8千円程。腰痛の息子は受診を我慢している	今後の家賃負担が心配		電気代が高くて、夏にクーラーを使わないことがある	災害公営
免除措置の打ち切り後に通院回数を減らした。医療費は月に1万円ほど	貯金を取り崩している。10万程の少ない年金では食べるのがやっと。相談相手がいない	民間の生命保険の掛け金、携帯電話代、交際費	医療費、電気代、ガス代	災害公営
受診日数は月2回から1回へ減らした。検査も減らした。医療費は月5千円ほど	出費を抑えるために外出を減らした。普段の話し相手がいない	医療費	民間の生命保険一部解約、固定電話を解約、新聞をやめる	災害公営
病院受診や服薬回数などを自己判断で減らしている	住宅再建の費用と医療費が不安	健康保険料、食費や電気代	医療費	自宅再建

表４－３　事例一覧

No	年齢	世帯構成	仕事・収入	住宅被害	健康状態
事例１	50代・男性	単身	零細土木事業所の正社員	持ち家が全壊	高血圧、足が重く痛みあり、不眠、風邪をひきやすい
事例２	40代・男性	妻と子（小学生、幼児）	夫婦ともにアルバイト	賃貸アパートが全壊	夫：過換気症候群の悪化 子：呼吸器症状
事例３	70代・男性	妻と子	夫婦の老齢年金、夫のアルバイト、自営業の息子の収入	持ち家が大規模半壊	妻が大病で手術し入院
事例４	50代・女性	息子２人、母	本人は会社勤務、子はアルバイトと事務職	持ち家が全壊	体重が増えた（5キロ） 母親が入院中
事例５	60代・男性	妻	農業、本人の年金（月に８万）と妻の厚生年金	持ち家が全壊	高血圧、不整脈、腰痛、足の痛み、歯の痛み
事例６	60代・男性	妻、実母	夫：無職、厚生年金 妻：臨時で農業手伝い	持ち家が全壊	夫は脳出血、関節の痛み、めまい、眠りが浅い、寝つきが悪いなど、母親は施設入所
事例７	60代・女性	息子	本人の年金収入（厚生年金・国民年金）、息子の給与	持ち家が全壊	本人：高血圧、震災後に足が悪くなり、こむら返り、親指の付け根が痛くなる等の発症。検査結果は膠原病の疑いで通院中 息子：腰痛
事例８	60代・男性	単身	地震前はパート就労も仕事が減り辞職、厚生年金のみ	戸建て賃貸住宅が全壊	地震後に不眠症悪化。糖尿病。疲れやすい。肩や首すじがこる、手や足の先が痛い、笑うことが少ない。変形性脊椎症のため左手のしびれ、背中の左側の痛みが発症。高血圧
事例９	60代・男性	単身	腰痛で辞職し無職、年金	賃貸アパートが全壊	３か月の車中泊で腰痛になった。寝つきが悪く眠りが浅い、高血圧、アルコール量の増加
事例10	80代・女性	単身	年金	持ち家が全壊	脳梗塞の後遺症、糖尿病（以上、服薬して治療中）、胸の痛み、手足の痛み、不眠がある

出所：同前。

帯構成は単身か夫婦がそれぞれ多い。健康保険は多くが後期高齢者医療で、生計中心者の過半数が「眠りが浅い・眠れない」と答えた。家族がいる世帯の場合には、病気のある家族がいる場合が多く、家族の世話・介護（21・1％）を暮らしの困難として抱えている。3世帯に1世帯は医療費がかさんでおり、医療費を切り詰めている割合は平均以下であるが、電気代やガス代、主食費を切り詰めている世帯が多い。

以下は国民年金が主な収入の世帯である。

事例9　地震後に体調悪化で仕事を辞め年金生活になり受診回数を減らした60代の男性は一人暮らし。アパートが全壊となり仮設住宅に入居している。

車の中での生活を3か月余儀なくされたことで腰痛を患い、仕事ができなくなった。仮設住宅に入っても、寝つきが悪く、眠りが浅く、すっきりしない。高血圧の上、アルコールの量も増えた。医師に診てもらって少しずつ減らしている。普段の話し相手がいない。相談する人は医者と役場の職員である。

年金生活になり、受診日数は月2回から1回へ減らした。検査も減らしている。国民健康保険で医療費は月5000円ほど。出費を抑えるために外出を控えるようになった。民間の生命保険も一部解約した。固定電話を止めて、新聞も取らなくなった。

来年3月で仮設住宅の入居期限が切れるが、1回目の公営住宅の抽選は外れた。その後の建設予定はあるが、建設場所は決まっていないらしい。行政に問い合わせても「分からない」と言われて焦りがある。「はっきりした答えが欲しい」。

「まだ仮設住宅に入居しているので、医療費の免除措置はあってもよいのではないかと思う」。空き家が多くなり、「みんなの家」（集会所）での交流会なども少なくなった。

（2019年1月26日　仮設団地　益城町）

事例10　国民年金の高齢単身者は医療費と住宅再建費の不安を抱えている

80代の女性は一人暮らしである。持ち家は地震で全壊した。地震直後は車中泊や公園、公民館などを転々とし、現在の仮設住宅に入居した。災害公営住宅に引っ越すにしても家賃が数万円かかるため、小さい家でも良いので自宅を再建したいと考えている。

脳梗塞の後遺症や糖尿病があり、服薬して治療中である。自覚症状は胸の痛み、手足の痛み、不眠などがある。娘、かかりつけの医者と看護師がいるので安心できる部分もある。自治会や交流会には参加している。

収入は国民年金だけである。医療保険料は支払っているが、生活を圧迫している。病院受診や服薬回数などを自己判断で減らして、支払いを減らすなどの工夫をしている。医療費の免除措置は復活してほしい。支払いのことについて相談することをあきらめている。家計の中でかさむものは食費や電気代などである。今後の住宅再建と医療費の不安が一番大きい。

（2018年11月10日　仮設団地　益城町）

以上の国民年金等が主な収入の世帯（26世帯）は、生計中心者は主に女性で、高齢の単身世帯が多い。健康状態がよくない世帯が多く、医療費がかさんでいる（30・8％）。そのため、3世帯に1世帯が経済的な理由での受診抑制を余儀なくされている。「収入が不足・不安定」が48・0％ととても高い。食費（主食費・副食費）が、かさむ、切り詰めているという世帯がそれぞれ34・6％、38・4％と高いことに生活の苦しさが表れている。災害公営住宅を希望している世帯が多く、入居後の家賃発生による生活費圧迫の不安を訴える声が目立つ。「生活再建（復興）のための制度が不十分」と20・0％の世帯が答えている。

第3節　被災者の暮らしと健康の実態

1　被災者の暮らしの面での困りごと・不安

本節では、統計的にまとめた調査結果から実態をみていく。83世帯の生活の困りごとや不安は、主に病気、住宅、収入、医療である（表4－4）。

全体では、「生計中心者や家族の病気・事故」46・3％、次いで「住宅再建・住宅確保のこと」

37・5％、「収入が不足・収入が不安定」33・8％、「医療費のこと」31・3％などが高い。

生計中心者が働いている世帯は、「医療費のこと」34・6％、「収入が減っている」26・9％、「労働時間が長い、自由な時間や休日が少ない」11・5％などが相対的に高い。家族が働いている世帯でも、「医療費のこと」50・0％が相対的に高い。働いている人がいない世帯のうち、厚生年金・共済年金がある世帯は、「生計中心者や家族の病気・事故」52・6％や「住宅再建・住宅確保のこと」47・4％、「老人や障害者の世話・介護」21・1％などが高い。国民年金が主な収入の世帯は、「収入が不足・収入が不安定」が48・0％と著しく高く、「生活再建（復興）のための制度が不十分」20・0％、「家計の赤字」12・0％なども相対的に高率である。

2 生計中心者の健康状態

暮らしの面での困りごと・不安のなかで、もっとも高い割合であった健康面をみてみよう。表4－5のように、生計中心者の67・5％が医者にかかっている。65歳以上では82・5％である。

日頃、健康のことで気になっていること（複数回答）は、「血圧が気になる／高くなった」が49・4％と高い割合を示している。また、「眠りが浅い・眠れない」が49・4％、「体重が増えた／減った」31・3％、「イライラすることが多い」16・9％など、震災の影響とみられるストレスに関連している症状が目立っている。

性別・年齢別にみると、男性は「背中や腰が痛い」42・9％と「コンビニの弁当やインスタント

面での困りごとや不安（複数回答）

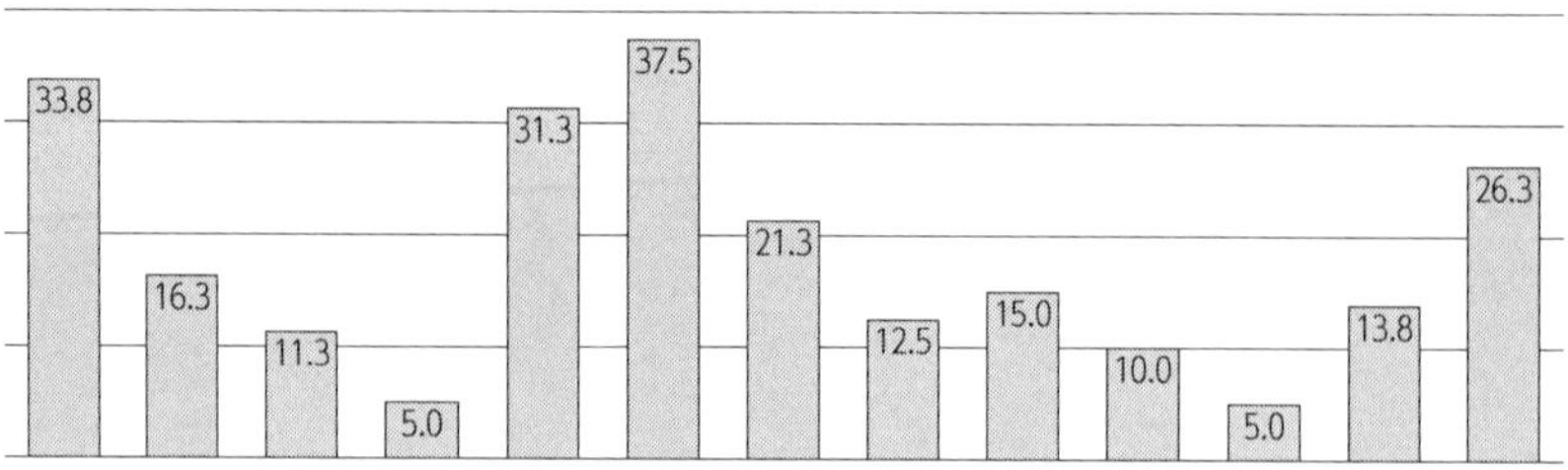

収入が不足・収入が不安定	収入が減っている（事業収入・賃金・年金等）	借金・ローンの返済	家計の赤字	医療費のこと	住宅再建・住宅確保のこと	仮設住宅の入居期間の延長のこと	復興から取り残されている気がする	生活再建（復興）のための制度が不十分	地域とのかかわりやつながりがない	相談相手や話し相手がいない	老後のこと	その他
33.8 27	16.3 13	11.3 9	5.0 4	31.3 25	37.5 30	21.3 17	12.5 10	15.0 12	10.0 8	5.0 4	13.8 11	26.3 21
30.6 11	27.8 10	19.4 7		38.9 14	36.1 13	22.2 8	16.7 6	11.1 4	8.3 3		13.9 5	19.4 7
30.8 8	26.9 7	15.4 4		34.6 9	38.5 10	19.2 5	11.5 3	11.5 3	3.8 1		15.4 4	15.4 4
30.0 3	30.0 3	30.0 3		50.0 5	30.0 3	30.0 3	30.0 3	10.0 1	20.0 2		10.0 1	30.0 3
36.4 16	6.8 3	4.5 2	9.1 4	25.0 11	38.6 17	20.5	9.1 4	18.2 8	11.4 5	9.1 4	13.6 6	31.8 14
21.1 4	5.3 1	10.5 2	5.3 1	15.8 3	47.4 9	15.8 3	10.5 2	15.8 3	10.5 2	10.5 2	10.5 2	31.6 6
48.0 12	8.0 2		12.0 3	32.0 8	32.0 8	24.0 6	8.0 2	20.0 5	12.0 3	8.0 2	16.0 4	32.0 8

表4－4　世帯類型別にみた暮らしの

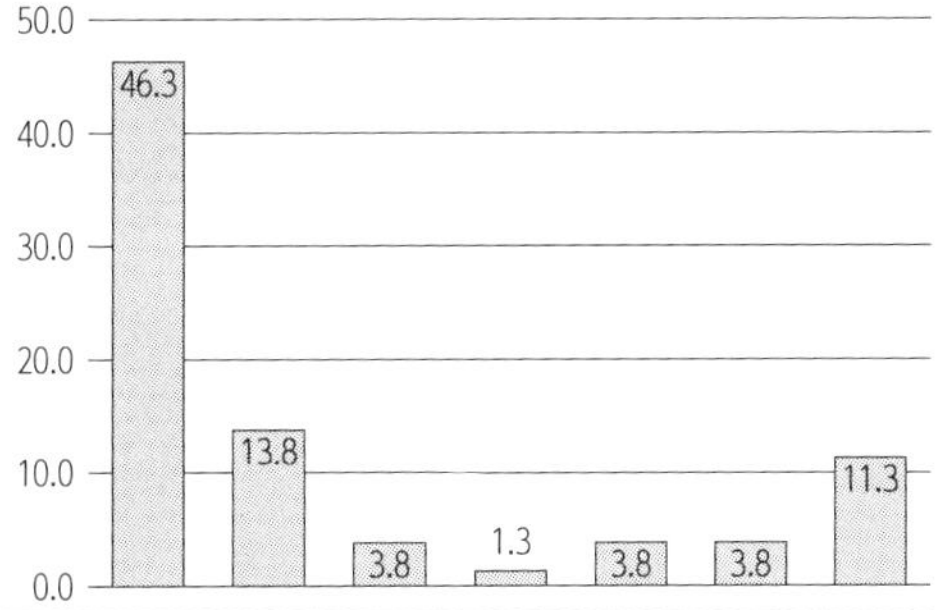

世帯類型	総数	ない	ある	生計中心者や家族の病気・事故	老人や障害者の世話・介護	失業・希望する仕事が見つからない	自営業のいきづまり・見通しの不安	労働時間が長い、自由な時間や休日が少ない	子育てのこと、子どもの教育・進学	食生活や洗濯・掃除などの家事の処理
合　計	100.0 83	3.6 3	96.4 80	46.3 37	13.8 11	3.8 3	1.3 1	3.8 3	3.8 3	11.3 9
生計中心者か家族が働いている	100.0 38	5.3 2	94.7 36	47.2 17	13.9 5	2.8 1	2.8 1	8.3 3	8.3 3	16.7 6
生計中心者が働いている	100.0 28	7.1 2	92.9 26	46.2 12	11.5 3		3.8 1	11.5 3	7.7 2	15.4 4
家族が働いている	100.0 10		100.0 10	50.0 5	20.0 2	10.0 1			10.0 1	20.0 2
働いている人がいない	100.0 45	2.2 1	97.8 44	45.5 20	13.6 6	4.5 2				6.8 3
厚生年金・共済年金がある	100.0 19		100.0 19	52.6 10	21.1 4	5.3 1				5.3 1
国民年金が主な収入	100.0 26	3.8 1	96.2 25	40.0 10	8.0 2	4.0 1				8.0 2

注：アミかけは、合計の平均値より３以上高いもの。
出所：同前。

のことで気になっていること（複数回答）

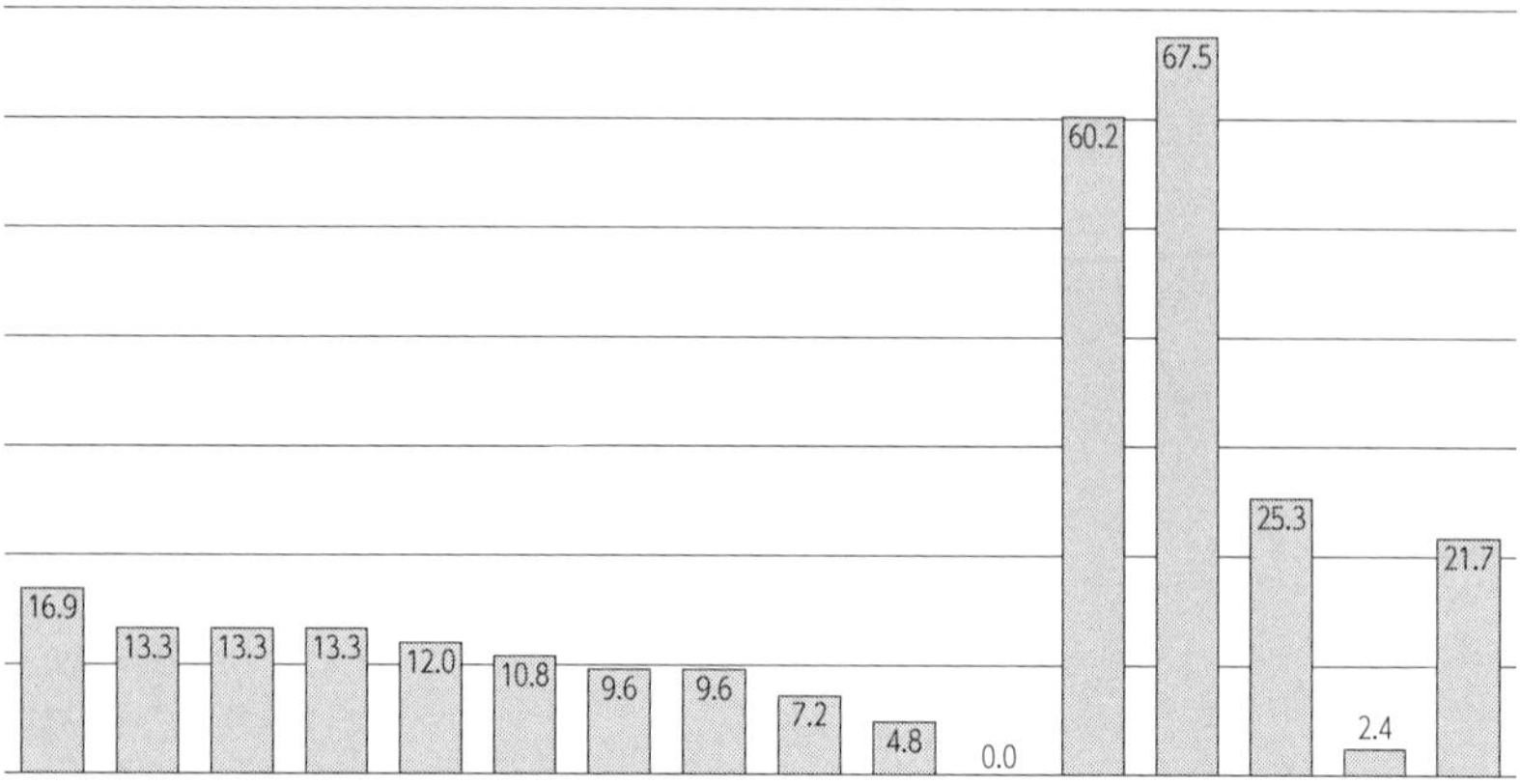

イライラすることが多い	笑うことが少ない	めまいやたちくらみがする	カゼをひきやすい	落ち込むことがある	孤独感を感じる	アルコールを飲む量が増えた	頭痛がよくある	ささいなことが気になる	食欲がない	タバコの本数が増えた	薬を飲んでいる	医者にみてもらっている	その他	何も気になることはない	コンビニの弁当やインスタント食品を食べることが多い
16.9 14	13.3 11	13.3 11	13.3 11	12.0 10	10.8 9	9.6 8	9.6 8	7.2 6	4.8 4		60.2 50	67.5 56	25.3 21	2.4 2	21.7 18
16.1 9	12.5 7	12.5 7	14.3 8	10.7 6	7.1 4	12.5 7	7.1 4	7.1 4	7.1 4		55.4 31	60.7 34	16.1 9	1.8 1	26.8 15
18.5 5	14.8 4	14.8 4	11.1 3	14.8 4	18.5 5	3.7 1	14.8 4	7.4 2			70.4 19	81.5 22	44.4 12	3.7 1	11.1 3
15.4 4	11.5 3	11.5 3	11.5 3	15.4 4	7.7 2	15.4 4	7.7 2	11.5 3			26.9 7	34.6 9	19.2 5	7.7 2	26.9 7
17.5 10	14.0 8	14.0 8	14.0 8	10.5 6	12.3 7	7.0 4	10.5 6	5.3 3	7.0 4		75.4 43	82.5 47	28.1 16		19.3 11

表４－５　性別・年齢層別にみた日頃、健康

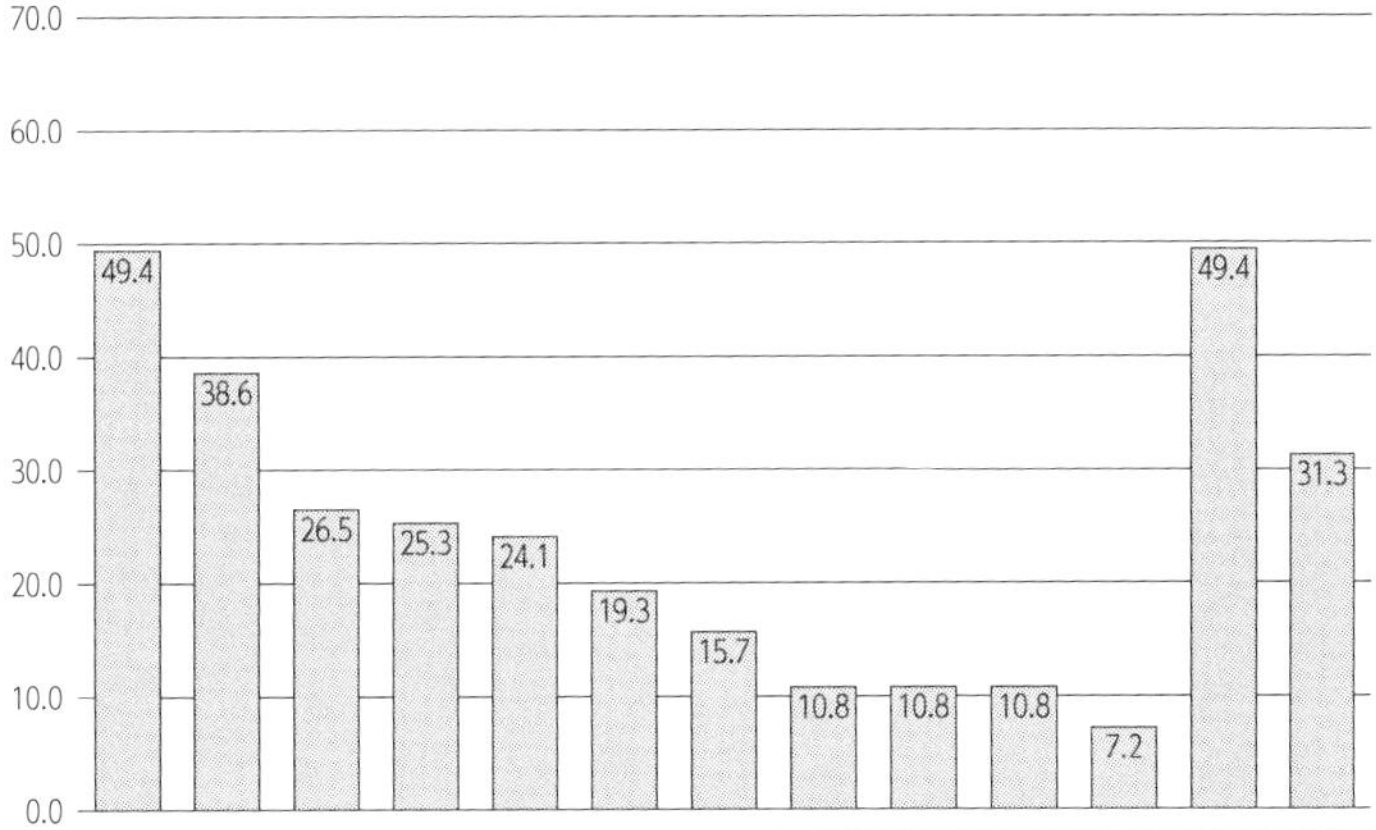

性別・年齢層	総数	血圧が気になる／高くなった	背中や腰が痛い	手足の関節が痛む	肩や首すじがこる	疲れやすい・からだがだるい	目が疲れる	手や足の先がしびれる・痛い	胃腸の調子が悪い	歯が痛い	朝、気分よく起きることができない	どうきがする	眠りが浅い・眠れない	体重が増えた／減った
合　計	100.0 83	49.4 41	38.6 32	26.5 22	25.3 21	24.1 20	19.3 16	15.7 13	10.8 9	10.8 9	10.8 9	7.2 6	49.4 41	31.3 26
男　性	100.0 56	50.0 28	42.9 24	17.9 10	19.6 11	21.4 12	16.1 9	12.5 7	10.7 6	12.5 7	10.7 6	5.4 3	50.0 28	26.8 15
女　性	100.0 27	48.1 13	29.6 8	44.4 12	37.0 10	29.6 8	25.9 7	22.2 6	11.1 3	7.4 2	11.1 3	11.1 3	48.1 13	40.7 11
65歳未満	100.0 26	23.1 6	38.5 10	23.1 6	23.1 6	11.5 3	23.1 6	19.2 5	3.8 1	3.8 1	7.7 2	7.7 2	46.2 12	15.4 4
65歳以上	100.0 57	61.4 35	38.6 22	28.1 16	26.3 15	29.8 17	17.5 10	14.0 8	14.0 8	14.0 8	12.3 7	7.0 4	50.9 29	38.6 22

注：アミかけは、合計の平均値より３以上高いもの。
出所：同前。

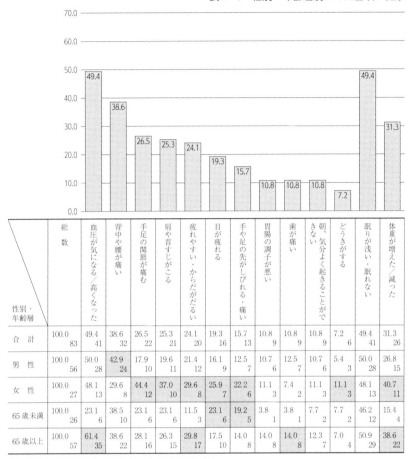

ことで気になっていること（複数回答）

イライラすることが多い	笑うことが少ない	めまいやたちくらみがする	カゼをひきやすい	落ち込むことがある	孤独感を感じる	アルコールを飲む量が増えた	頭痛がよくある	ささいなことが気になる	食欲がない	タバコの本数が増えた	薬を飲んでいる	医者にみてもらっている	その他	何も気になることはない	コンビニの弁当やインスタント食品を食べることが多い
16.9 14	13.3 11	13.3 11	13.3 11	12.0 10	10.8 9	9.6 8	9.6 8	7.2 6	4.8 4		60.2 50	67.5 56	25.3 21	2.4 2	21.7 18
15.8 6	15.8 6	10.5 4	15.8 6	10.5 4	15.8 6	7.9 3	10.5 4	5.3 2	2.6 1		47.4 18	52.6 20	26.3 10	5.3 2	26.3 10
10.7 3	7.1 2	3.6 1	17.9 5	3.6 1	3.6 1	7.1 2	7.1 2	3.6 1	3.6 1		32.1 9	39.3 11	28.6 8	7.1 2	28.6 8
30.0 3	40.0 4	30.0 3	10.0 1	30.0 3	50.0 5	10.0 1	20.0 2	10.0 1			90.0 9	90.0 9	20.0 2		20.0 2
17.8 8	11.1 5	15.6 7		13.3 6	6.7 3	11.1 5	8.9 4	8.9 4	6.7 3		71.1 32	80.0 36	24.4 11		17.8 8
21.1 4	15.8 3	21.1 4	5.3 1	10.5 2		10.5 2	5.3 1	10.5 2	5.3 1		57.9 11	68.4 13	15.8 3		21.1 4
15.4 4	7.7 2	11.5 3	15.4 4	15.4 4	11.5 3	11.5 3	11.5 3	7.7 2	7.7 2		80.8 21	88.5 23	30.8 8		15.4 4

食品を食べることが多い」26・8%が相対的に高い。女性は平均値を上回っている症状が多く、なかでも「手足の関節が痛む」44・4%、「体重が増えた／減った」40・7%が高率である。65歳未満は、「目が疲れる」23・1%、「アルコールを飲む量が増えた」15・4%などが目立っている。65歳以上は、「血圧が気になる／高くなった」61・4%、「疲れやすい・からだがだるい」29・8%、「体重が増えた／減った」38・6%などが相対的に高い。

世帯類型別にみると（表4－6）、生計中心者が働いている世帯では、「目が疲れる」28・6%、「胃腸の調子が悪い」14・3%、「カゼをひきやすい」17・9%、「コンビニの弁当やインスタント食品を食べることが多い」28・6%が相対的

表4－6　世帯類型別にみた日頃、健康の

世帯類型	総数	血圧が気になる／高くなった	背中や腰が痛い	手足の関節が痛む	肩や首すじがこる	疲れやすい・からだがだるい	目が疲れる	手や足の先がしびれる・痛い	胃腸の調子が悪い	朝、気分よく起きることができない	歯が痛い	どうきがする	眠りが浅い・眠れない	体重が増えた／減った
合　計	100.0 83	49.4 41	38.6 32	26.5 22	25.3 21	24.1 20	19.3 16	15.7 13	10.8 9	10.8 9	10.8 9	7.2 6	49.4 41	31.3 26
生計中心者か家族が働いている	100.0 38	47.4 18	42.1 16	21.1 8	31.6 12	23.7 9	28.9 11	18.4 7	10.5 4	10.5 4	13.2 5	5.3 2	36.8 14	36.8 14
生計中心者が働いている	100.0 28	39.3 11	39.3 11	10.7 3	25.0 7	17.9 5	28.6 8	14.3 4	14.3 4	10.7 3	10.7 3	3.6 1	32.1 9	32.1 9
家族が働いている	100.0 10	70.0 7	50.0 5	50.0 5	50.0 5	40.0 4	30.0 3	30.0 3		10.0 1	20.0 2	10.0 1	50.0 5	50.0 5
働いている人がいない	100.0 45	51.1 23	35.6 16	31.1 14	20.0 9	24.4 11	11.1 5	13.3 6	11.1 5	11.1 5	8.9 4	8.9 4	60.0 27	26.7 12
厚生年金・共済年金がある	100.0 19	52.6 10	42.1 8	21.1 4	21.1 4	26.3 5		5.3 1	10.5 2	10.5 2		5.3 1	52.6 10	21.1 4
国民年金が主な収入	100.0 26	50.0 13	30.8 8	38.5 10	19.2 5	23.1 6	19.2 5	19.2 5	11.5 3	11.5 3	15.4 4	11.5 3	65.4 17	30.8 8

注：アミかけは、合計の平均値より３以上高いもの。
出所：同前。

に高い。家族が働いている世帯では、「血圧が気になる／高くなった」70・0％、「体重が増えた／減った」50・0％、「孤独感を感じる」50・0％などが高率である。働いている人がいない世帯で、厚生年金・共済年金がある世帯は、「眠りが浅い・眠れない」52・6％、「背中や腰が痛い」42・1％などが目立っている。同じく国民年金が主な収入源の世帯は、「眠りが浅い・眠れない」65・4％が著しく高く、「手足の関節が痛む」38・5％、「手や足の先がしびれる・痛い」19・2％などが相対的に高率である。

3　家計からみる生活実態

家計のなかで「かさむもの」は（表4－7）、「主食費」30・1％、「電気代」

かさむもの（複数回答）

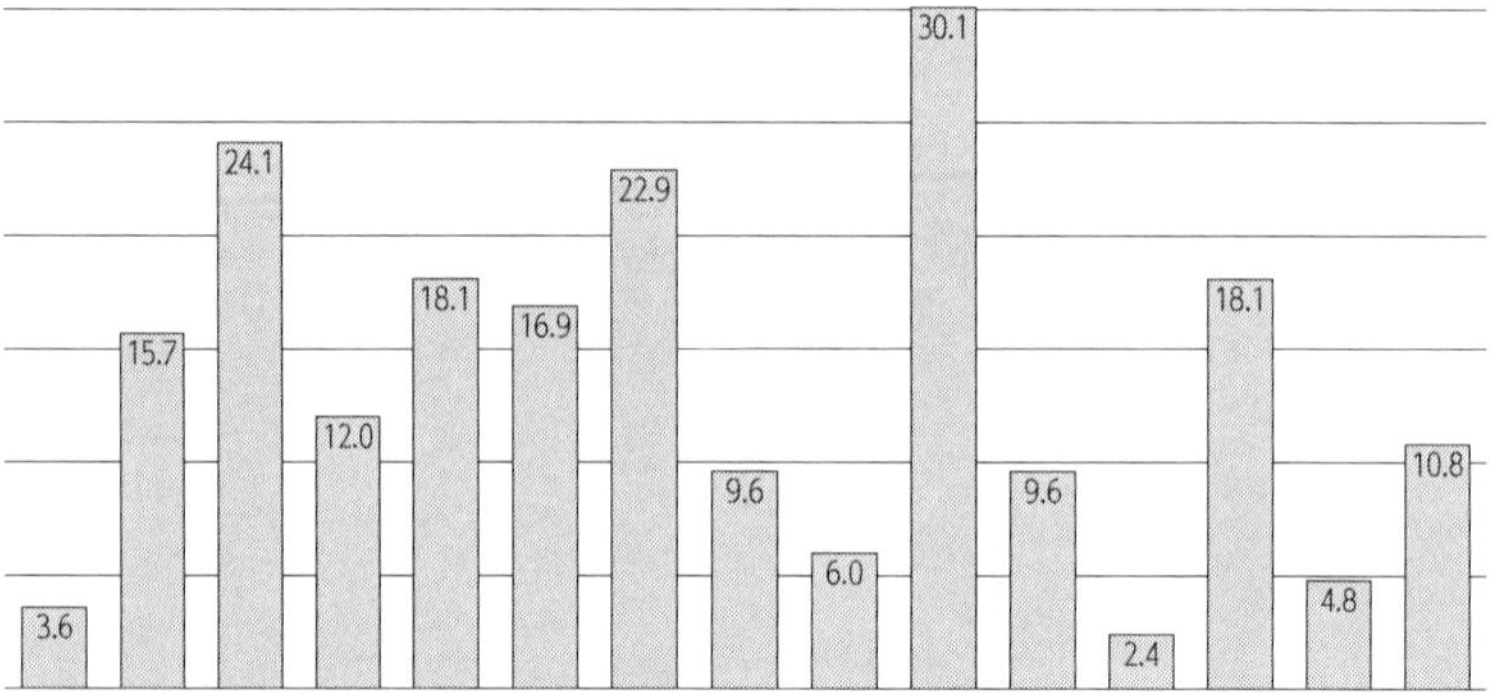

公的年金の保険料	健康保険の保険料	介護保険の保険料	民間の生命保険の掛け金	交通費・タクシー代	電話代（携帯電話含む）	医療費（通院・入院）	薬代	介護のための費用	車の維持費・ガソリン代	酒代・タバコ代	仕送り	交際費（冠婚葬祭含む）	娯楽費	その他	無回答
3.6 3	15.7 13	24.1 20	12.0 10	18.1 15	16.9 14	22.9 19	9.6 8	6.0 5	30.1 25	9.6 8	2.4 2	18.1 15	4.8 4	10.8 9	1.2 1
2.6 1	18.4 7	18.4 7	7.9 3	5.3 2	7.9 3	21.1 8	7.9 3	5.3 2	34.2 13	18.4 7	2.6 1	15.8 6	5.3 2	13.2 5	2.6 1
3.6 1	21.4 6	14.3 4	10.7 3	3.6 1	10.7 3	25.0 7	10.7 3	7.1 2	39.3 11	21.4 6	3.6 1	17.9 5	7.1 2	14.3 4	
	10.0 1	30.0 3		10.0 1		10.0 1			20.0 2	10.0 1		10.0 1		10.0 1	10.0 1
4.4 2	13.3 6	28.9 13	7	28.9 13	24.4 11	24.4 11	11.1 5	6.7 3	26.7 12	2.2 1	2.2 1	20.0 9	4.4 2	8.9 4	
	10.5 2	21.1 4	15.8 3	26.3 5	15.8 3	15.8 3	10.5 2	5.3 1	10.5 2		5.3 1	21.1 4	5.3 1	10.5 2	
7.7 2	15.4 4	34.6 9	15.4 4	30.8 8	30.8 8	30.8 8	11.5 3	7.7 2	38.5 10	3.8 1		19.2 5	3.8 1	7.7 2	

表4－7　家計の中で

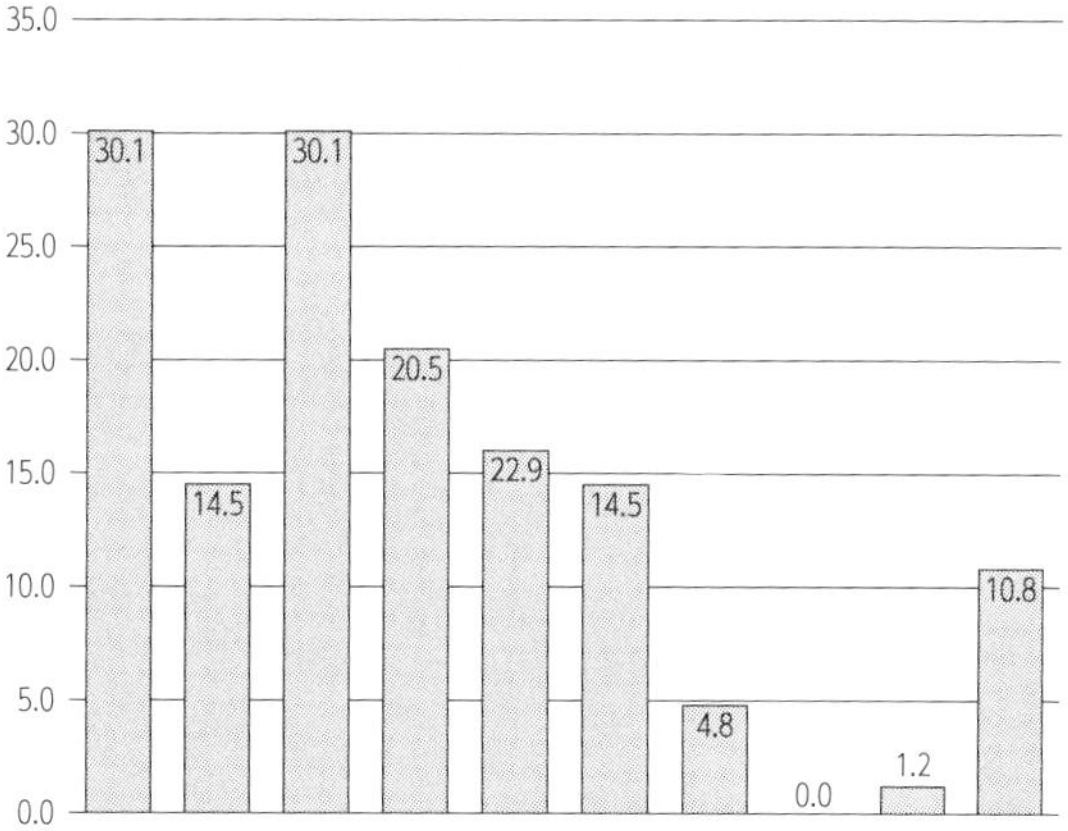

世帯類型	総数	ない	ある	主食費	副食費	電気代	水道代	ガス代	住宅再建の費用や住宅ローン	住宅ローン以外の借金の返済	子どもの養育費（保育料等）	教育費	税金
合　計	100.0 83	9.6 8	89.2 74	30.1 25	14.5 12	30.1 25	20.5 17	22.9 19	14.5 12	4.8 4		1.2 1	10.8 9
生計中心者か家族が働いている	100.0 38	7.9 3	89.5 34	28.9 11	7.9 3	15.8 6	13.2 5	15.8 6	21.1 8	10.5 4		2.6 1	7.9 3
生計中心者が働いている	100.0 28	7.1 2	92.9 26	25.0 7	10.7 3	17.9 5	17.9 5	17.9 5	28.6 8	10.7 3		3.6 1	10.7 3
家族が働いている	100.0 10	10.0 1	80.0 8	40.0 4		10.0 1		10.0 1		10.0 1			
働いている人がいない	100.0 45	11.1 5	88.9 40	31.1 14	20.0 9	42.2 19	26.7 12	28.9 13	8.9 4				13.3 6
厚生年金・共済年金がある	100.0 19	21.1 4	78.9 15	31.6 6	21.1 4	26.3 5	5.3 1	10.5 2	5.3 1				10.5 2
国民年金が主な収入	100.0 26	3.8 1	96.2 25	30.8 8	19.2 5	53.8 14	42.3 11	42.3 11	11.5 3				15.4 4

注：アミかけは、合計の平均値より３以上高いもの。
出所：同前。

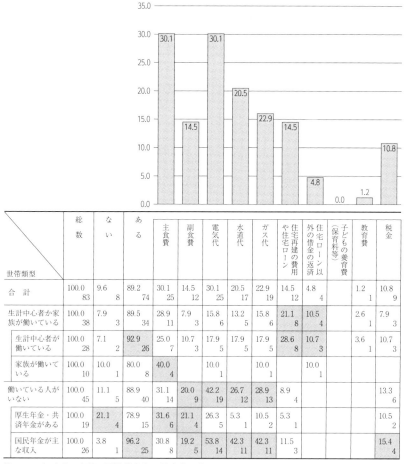

30・1％、「車の維持費・ガソリン代」30・1％がもっとも高く、「介護保険の保険料」24・1％、「医療費（通院・入院）」22・9％、「ガス代」22・9％、「水道代」20・5％などが続く。さらに「交通費・タクシー代」18・1％、「交際費（冠婚葬祭含む）」18・1％、「電話代（携帯電話含む）」16・9％、「住宅再建の費用や住宅ローン」14・5％、「副食費」14・5％、「民間の生命保険の掛け金」12・0％、「税金」10・8％などとなっている。なお、主食費・副食費のいずれかの食費がかさむ世帯は27世帯、32・5％である。また、「医療費」「薬代」「介護のための費用」のいずれかがかさむと答えた世帯は25世帯、30・1％である。

生計中心者が働いている世帯では、「かさむもの」が「ある」（92・6％）が平均値よりも高く、内容では「車の維持費・ガソリン代」39・3％、「住宅再建の費用や住宅ローン」28・6％、「健康保険の保険料」21・4％が相対的に高い。家族が働いている世帯では、「主食費」40・0％と「介護保険の保険料」30・0％が目立つ。働いている人がいない世帯のうち、厚生年金・共済年金がある世帯は、「かさむもの」が「ない」（21・1％）が相対的に高く、「ある」場合には「主食費」31・6％、「交通費・タクシー代」26・3％などが目立っている。国民年金が主な収入の世帯は、「かさむもの」が「ある」が96・2％と他の類型に比べてもっとも高く、相対的に高率な費目が多い。具体的には、「電気代」53・8％、「水道代」42・3％、「ガス代」42・3％、「車の維持費・ガソリン代」38・5％、「介護保険の保険料」34・6％、「医療費（通院・入院）」30・8％、「交通費・タクシー代」30・8％、「電話代（携帯電話含む）」30・8％などである。

家計のなかで「切り詰めているもの」は（表4－8）、全体の平均値では「衣服・身のまわり品代」24・1％がもっとも高く、「主食費」21・7％、「電気代」19・3％、「副食費」16・9％、「医療費（通院・入院）」15・7％、「ガス代」14・5％、「旅行費」14・5％、「こずかい」13・3％、「水道代」13・3％、「外食費」12・0％などとなっている。なお、主食費か副食費のいずれかを切り詰めている世帯は、22世帯、26・5％である。また、「医療費」「薬代」「介護のための費用」のいずれかを切り詰めている世帯は16・9％である。

生計中心者が働いている世帯は、「衣服・身のまわり品代」28・6％、「外食費」21・4％、「医療費（通院・入院）」21・4％、「旅行費」17・9％などが相対的に高い。家族が働いている世帯は、「衣服・身のまわり品代」30・0％が相対的に高い。働いている人がいない世帯で、厚生年金・共済年金がある世帯は、「切り詰めているもの」が「ない」が47・4％と他の類型と比べてもっとも高く、「ある」場合は「電気代」31・6％、「主食費」26・3％、「ガス代」21・1％が相対的に高率である。国民年金が主な収入の世帯は、「切り詰めているもの」が「ある」80・8％が他の類型と比べてもっとも高く、「主食費」34・6％、「副食費」23・1％、「水道代」23・1％などが相対的に高い。

4　健康保険の種類と負担感

健康保険の種類は（表4－9）、今回の83世帯の平均では「国民健康保険」が44・6％、「後期高齢者医療」が37・3％である。「共済組合・組合健康保険」「協会健保」は、それぞれ8・4％、7・

めているもの（複数回答）

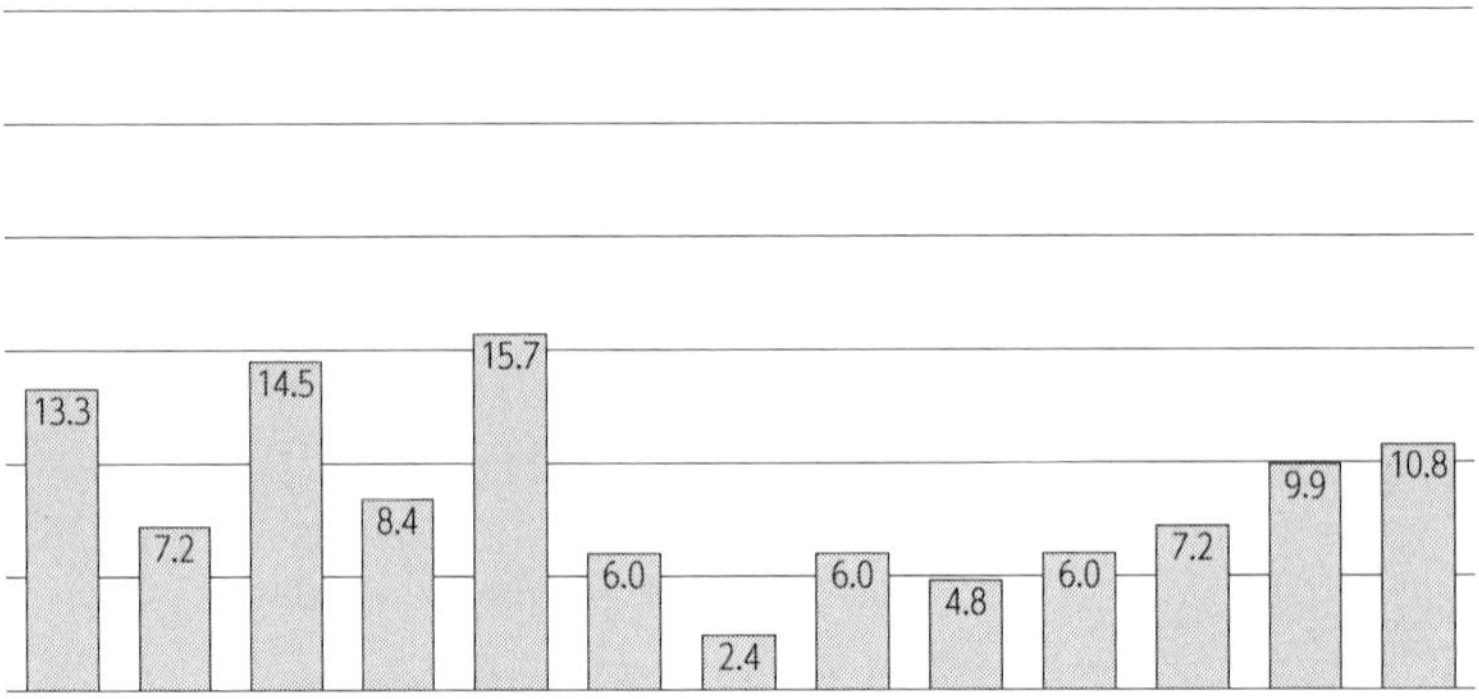

こずかい	酒代・タバコ代	旅行費	貯金	医療費（通院・入院）	薬代	介護のための費用	税金や健康保険料を払えない	交通費・タクシー代	電話代（携帯電話含む）	新聞代	交際費（冠婚葬祭費含む）	その他	無回答
13.3 11	7.2 6	14.5 12	8.4 7	15.7 13	6.0 5	2.4 2	6.0 5	4.8 4	6.0 5	7.2 6	9.6 8	10.8 9	4.8 4
10.5 4	7.9 3	18.4 7	13.2 5	21.1 8	2.6 1		5.3 2	2.6 1	5.3 2	5.3 2	10.5 4	10.5 4	10.5 4
10.7 3	10.7 3	17.9 5	14.3 4	21.4 6	3.6 1		3.6 1		7.1 2	3.6 1	14.3 4	10.7 3	7.1 2
10.0 1		20.0 2	10.0 1	20.0 2			10.0 1	10.0 1		10.0 1		10.0 1	20.0 2
15.6 7	6.7 3	11.1 5	4.4 2	11.1 5	4	4.4 2	6.7 3	6.7 3	6.7 3	8.9 4	8.9 4	11.1 5	
15.8 3	5.3 1	15.8 3	5.3 1	10.5 2	5.3 1	5.3 1	5.3 1	5.3 1	5.3 1	10.5 2	5.3 1	5.3 1	
15.4 4	7.7 2	7.7 2	3.8 1	11.5 3	11.5 3	3.8 1	7.7 2	7.7 2	7.7 2	7.7 2	11.5 3	15.4 4	

表4－8　家計の中で切り詰

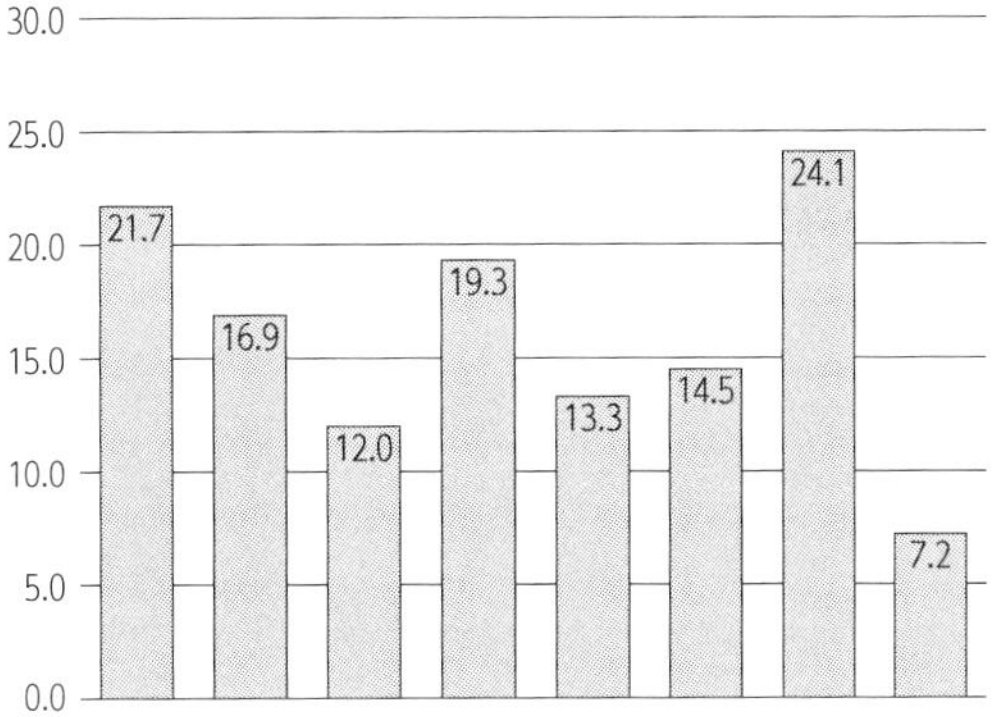

世帯類型	総数	ない	ある	主食費	副食費	外食費	電気代	水道代	ガス代	衣服・身のまわり品代	家具・家庭用品代
合　計	100.0 83	26.5 22	68.7 57	21.7 18	16.9 14	12.0 10	19.3 16	13.3 11	14.5 12	24.1 20	7.2 6
生計中心者か家族が働いている	100.0 38	21.1 8	68.4 26	10.5 4	13.2 5	15.8 6	13.2 5	5.3 2	7.9 3	28.9 11	7.9 3
生計中心者が働いている	100.0 28	28.6 8	64.3 18	10.7 3	10.7 3	21.4 6	17.9 5	7.1 2	10.7 3	28.6 8	10.7 3
家族が働いている	100.0 10		80.0 8	10.0 1	20.0 2					30.0 3	
働いている人がいない	100.0 45	31.1 14	68.9 31	31.1 14	20.0 9	8.9 4	24.4 11	20.0 9	20.0 9	20.0 9	6.7 3
厚生年金・共済年金がある	100.0 19	47.4 9	52.6 10	26.3 5	15.8 3	5.3 1	31.6 6	15.8 3	21.1 4	10.5 2	5.3 1
国民年金が主な収入	100.0 26	19.2 5	80.8 21	34.6 9	23.1 6	11.5 3	19.2 5	23.1 6	19.2 5	26.9 7	7.7 2

注：アミかけは、合計の平均値より３以上高いもの。
出所：同前。

表4－9　健康保険の種類

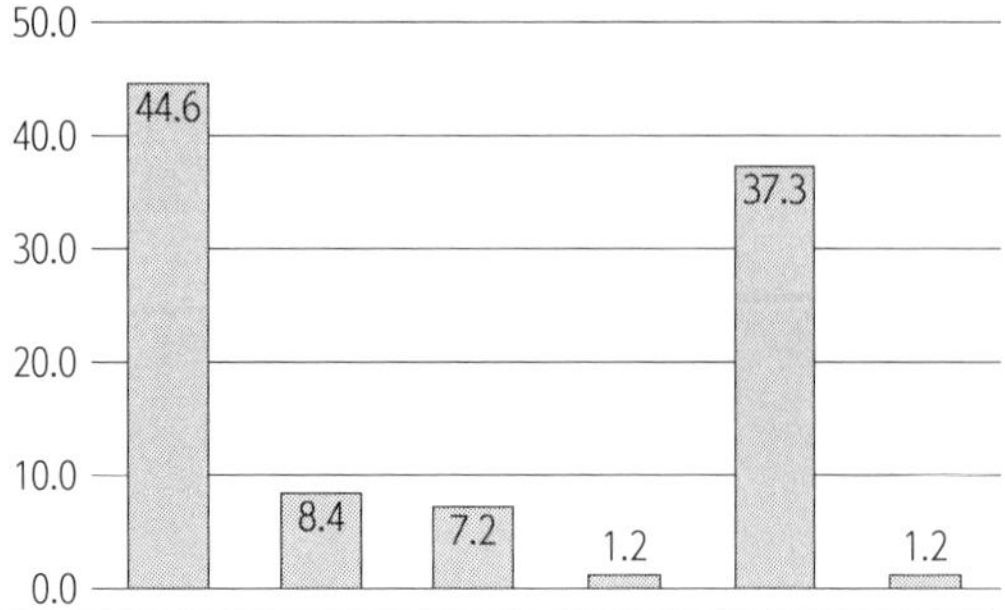

世帯類型	総数	国民健康保険	共済組合・組合健康保険	協会健保	退職者医療	後期高齢者医療	医療扶助
合　計	100.0 83	44.6 37	8.4 7	7.2 6	1.2 1	37.3 31	1.2 1
生計中心者か家族が働いている	100.0 38	55.3 21	18.4 7	15.8 6		10.5 4	
生計中心者が働いている	100.0 28	53.6 15	25.0 7	21.4 6			
家族が働いている	100.0 10	60.0 6				40.0 4	
働いている人がいない	100.0 45	35.6 16			2.2 1	60.0 27	2.2 1
厚生年金・共済年金がある	100.0 19	36.8 7			5.3 1	52.6 10	5.3 1
国民年金が主な収入	100.0 26	34.6 9				65.4 17	

注：アミかけは、合計の平均値より3以上高いもの。
出所：同前。

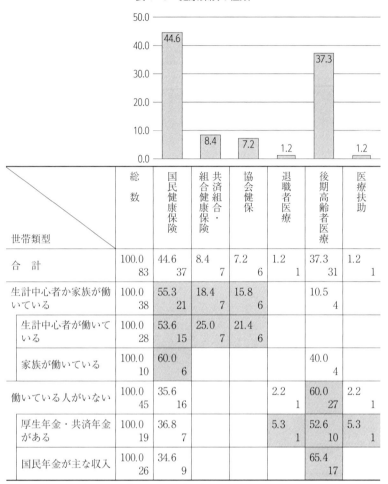

2％である。

世帯類型別にみると、生計中心者が働いている世帯は、「国民健康保険」が53・6％、「共済組合・組合健康保険」25・0％、「協会健保」21・4％である。働いている人がいない世帯で、厚生年金・共済年金がある世帯は、「後期高齢者医療」が52・6％を占める。国民年金が主な収入の世帯は、「後期高齢者医療」が65・4％である。

毎月の医療費負担額は（表4－10）、「5千円未満」が32・5％、「5千円以上1万円未満」が21・7％、「1万円以上」が22・9％である。生計中心者が働いている世帯の負担額は相対的に大きい。

表4－10　毎月の医療費（窓口負担）

世帯類型	総数	5千円未満	5千円以上1万円未満	1万円以上
合　計	100.0 83	32.5 27	21.7 18	22.9 19
生計中心者か家族が働いている	100.0 38	34.2 13	21.1 8	31.6 12
生計中心者が働いている	100.0 28	28.6 8	28.6 8	32.1 9
家族が働いている	100.0 10	50.0 5		30.0 3
働いている人がいない	100.0 45	31.1 14	22.2 10	15.6 7
厚生年金・共済年金がある	100.0 19	21.1 4	21.1 4	21.1 4
国民年金が主な収入	100.0 26	38.5 10	23.1 6	11.5 3

注：アミかけは、合計の平均値より3以上高いもの。
出所：同前。

健康保険料の負担感について（表4－11）、全体の平均は「保険料は高いとは思うが支払っている」が39・8％ともっとも高く、ついで「保険料の負担が重いという感じはしない（適当な額である）」が33・7％である。「保険料を支払っているがとても高くて生活を圧迫している」は13・3％と「保険料が高くて支払いが追いつかない（とどこおっている）」3・6％を合わせると

表４－11　健康保険料の負担感

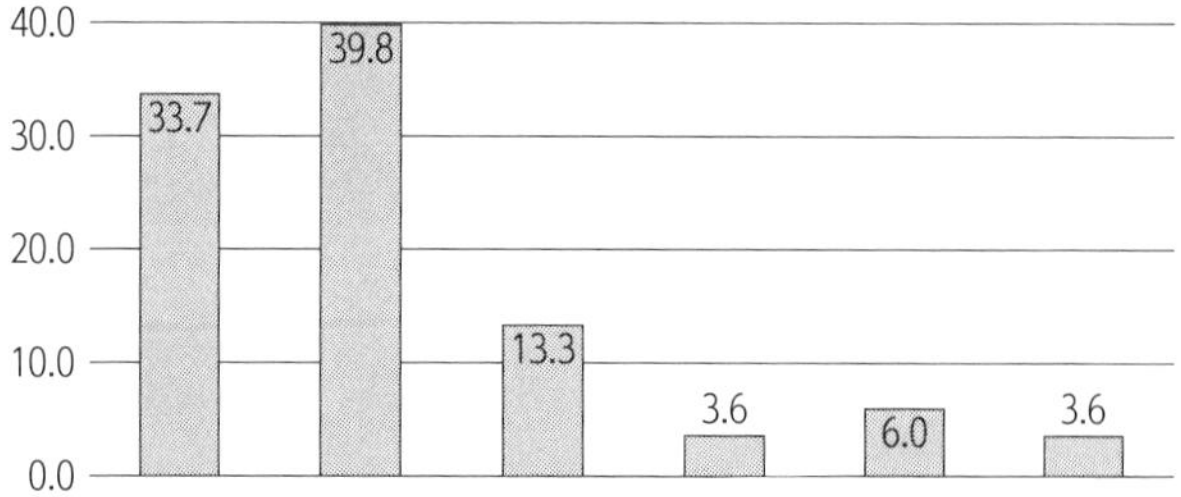

世帯類型	総数	保険料の負担が重いという感じはしない（適当な額である）	保険料は高いとは思うが支払っている	保険料を支払っているがとても高くて生活を圧迫している	保険料が高くて支払いが追いつかない（とどこおっている）	その他	無回答
合　計	100.0 83	33.7 28	39.8 33	13.3 11	3.6 3	6.0 5	3.6 3
生計中心者か家族が働いている	100.0 38	31.6 12	39.5 15	13.2 5	5.3 2	2.6 1	7.9 3
生計中心者が働いている	100.0 28	28.6 8	39.3 11	14.3 4	3.6 1	3.6 1	10.7 3
家族が働いている	100.0 10	40.0 4	40.0 4	10.0 1	10.0 1		
働いている人がいない	100.0 45	35.6 16	40.0 18	13.3 6	2.2 1	8.9 4	
厚生年金・共済年金がある	100.0 19	47.4 9	31.6 6	10.5 2		10.5 2	
国民年金が主な収入	100.0 26	26.9 7	46.2 12	15.4 4	3.8 1	7.7 2	

注：アミかけは、合計の平均値より３以上高いもの・
出所：同前。

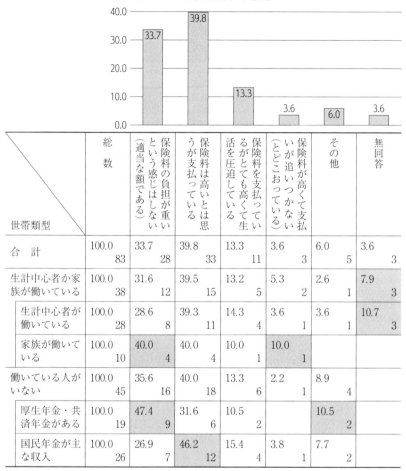

16・9%であり、6世帯に1世帯近くは保険料が大きな負担となっている。従前から保険料が家計を圧迫している上に、後述のように2017年9月末まで減免されていた医療・介護の保険料（半壊以上の世帯）が打ち切られたことも影響している。

これを世帯類型別にみると、生計中心者が働いている世帯は平均値並みであり、家族が働いている世帯は「保険料の負担が重いという感じはしない（適当な額である）」が40・0%と相対的に高い。働いている人がいない世帯で、厚生年金・共済年金がある世帯は、「保険料の負担が重いという感じはしない（適当な額である）」47・4%、国民年金が主な収入の世帯は「保険料は高いとは思うが支払っている」46・2%が、それぞれ相対的に高い。厚生年金・共済年金がある世帯以外は、「保険料を支払っているがとても高くて生活を圧迫している」と「保険料が高くて支払いが追いつかない（とどこおっている）」の合計が2割近くを占める。

5 医療費の窓口負担と受診の状況、免除措置継続の意向

震災後の医療費の窓口負担と受診の状況（複数回答）について（表4－2の左側）、「お金がかかるので受診回数を減らしている」（9世帯、11・3%）、「通院・入院等の医療費の支払いに困っている」（7世帯、8・8%）、「窓口でお金がかかるので病気や健康不安があっても病院にかからないようにしている」（7世帯、8・8%）など経済的な理由で受診抑制している世帯は、合わせて24世帯、28・9%に及んでいる。

表4－12　窓口負担免除措置の復活希望

世帯類型	総数	希望する	希望しない	無回答
合　計	100.0 83	81.9 68	6.0 5	12.0 10
生計中心者か家族が働いている	100.0 38	86.8 33	5.3 2	7.9 3
生計中心者が働いている	100.0 28	89.3 25	3.6 1	7.1 2
家族が働いている	100.0 10	80.0 8	10.0 1	10.0 1
働いている人がいない	100.0 45	77.8 35	6.7 3	15.6 7
厚生年金・共済年金がある	100.0 19	78.9 15	5.3 1	15.8 3
国民年金が主な収入	100.0 26	76.9 20	7.7 2	15.4 4

注：アミかけは、合計の平均値より3以上高いもの。
出所：同前。

とくに免除措置打ち切りの影響によって、「窓口でお金がかかるので病気や健康不安があっても病院にかからないようにしている」「お金がかかるので受診回数を減らしている」など、いっそう厳しい状況になったと回答したのは、15世帯、18・1％である（表4－2の右側）。

世帯類型別にみると、現状の窓口負担と受診状況について、働いている人がいない世帯における厚生年金・共済年金がある世帯は受診抑制の割合が相対的に低いが、その他の類型では平均値を上回っている。とくに、生計中心者が働いている世帯と国民年金が主な収入の世帯は、免除措置打ち切り後の影響が大きい。

医療費の窓口負担等の免除措置について（表4－12）、免除措置復活を81・9％が希望している。世帯類型別では、生計中心者が働いている世帯が89・3％と相対的に高い。

第4節　社会保障と災害救助・生活再建支援の制度の構造的問題

1　受診控えによる医療費の切り詰めを強いる構造

被災者の受診控えの事例と調査結果をみると、家計は社会的に構造化されており、人々はそれに対応しようとしていることがわかる。

第一に、従前からの生活基盤の不安定さに規定されている。雇用の場合は安定的な雇用は少なく、ほとんどが非正規などの不安定雇用であった。被災後に病気になり、失職した人もいる。被災前から無職の場合、老齢年金が収入源であるが、年金額は少なく、厚生年金の場合でも月10万円程度であった。各世帯の家計は基本的に低賃金あるいは少ない年金によって営まれている。

第二に、「社会的固定支出」が家計の構造を規定している（金澤１９９７）。水光熱費、健康保険や介護保険の利用に伴う窓口負担（自己負担）などは避けられない支出であり、しかもいずれも金額が相対的に大きい。その上、車の維持費・ガソリン代、電話代（携帯電話含む）なども調整が難しい、やむを得ない支出である。これらは家計のなかで「かさむもの」として高い割合を示しており、切り詰められない、切り詰めに限界がある。これは被災前の家計状態の延長であるとともに、持病の悪化による医療費や遠方のみなし仮設入居によるガソリン代等の増加によって家計はさらに逼迫している。

第三に、税金、年金保険料、健康保険料、介護保険料など「税金・社会保障負担」も家計を規定している（金澤1997）。半壊以上の世帯にとって、1年半の間は、特例によって医療保険料や介護保険料の減免措置があった。これが打ち切られると、平時の医療・介護制度の利用に戻ることになり、被災前の保険料・窓口負担（利用料）が発生する。これらは避けることが難しいため、他の支出を切り詰めなければならない。しかし、切り詰めにも限度があり、年金や医療の保険料等を滞納せざるを得なくなる。

第四に、自宅再建のためのローンの返済、災害公営住宅の家賃等の発生など、住宅再建・確保のための費用への対応が家計の柔軟性を奪っている。これは、平時からの公営住宅の少なさや被災者生活再建支援法の支援金額の水準等の制度の影響を受けている。全壊判定の場合、自宅再建（単身以外）には被災者生活再建支援法によって最大300万円が支給されるが、自宅再建費用には足りない。そのため、預貯金の活用やローンを組むなどの必要が生じる。災害公営住宅に入居する場合も、年金から最低でも1万円から2万円の家賃を捻出するために家計を切り詰めなければならなくなる。

このように家計は、雇用・年金の水準、膨張する社会的固定支出、高い税金・社会保障負担、住宅再建費等によって極めて柔軟性が乏しく、やりくりが困難な状態が生じている。さまざまな自覚症状と疾患を伴っている被災者はこのような構造化された暮らしを営んでいる。医療を受けたくても受診控えをしている世帯は、調査対象全体の28・9％に及ぶ。家計からみると、医療費（通院・

入院）を切り詰めている世帯は22・8％と5世帯に1世帯以上である。薬代を切り詰めている世帯も8・8％ある。個々の状況に応じた、しかも早期の受診のために、受診控えがないことが重要であるが、実際には被災前から経済的理由での受診控えがあり、被災後の家計状況から（免除措置打ち切り後には治療中断を含む）受診抑制が行われているのである。

2　もともと高い保険料と受診控え、特例廃止後に治療中断、減免措置は機能せず

熊本地震の翌年、２０１７年度の全国平均の国民健康保険料（税）の1世帯当たりの調定額は16万7３９８円であり、1人当たりの調定額は10万３３１７円であった（熊本県の1人当たりの調定額［平均］は8万２３９１円）。保険料（税）は年を追って上がり続けており、平均所得に対する保険料（税）調定額の割合は、２００６年の8・7％から２０１７年は10・5％にまで増加した（介護分は除く）。所得が上がらない、あるいは減少するなかでの保険料の増加は、家計への負担をいっそう大きくしている。この傾向は健保組合、協会けんぽでも同様である。

２０１７年（6月1日現在）の国民健康保険料（税）の滞納世帯は全国で２８９万３０００世帯であり、滞納率は15・3％であった。熊本県のそれは20・1％（短期被保険者証の交付割合8・0％、資格証明書の同0・5％）であり、全国平均（それぞれ4・4％、1・0％）を上回っていた。当時、熊本県の市町村国保は、平均で5世帯に1世帯に保険料（税）の滞納があった[6]。

筆者らが、２０１０年に熊本市内で７０1世帯から聴き取りを行った結果では、「保険料を支払っ

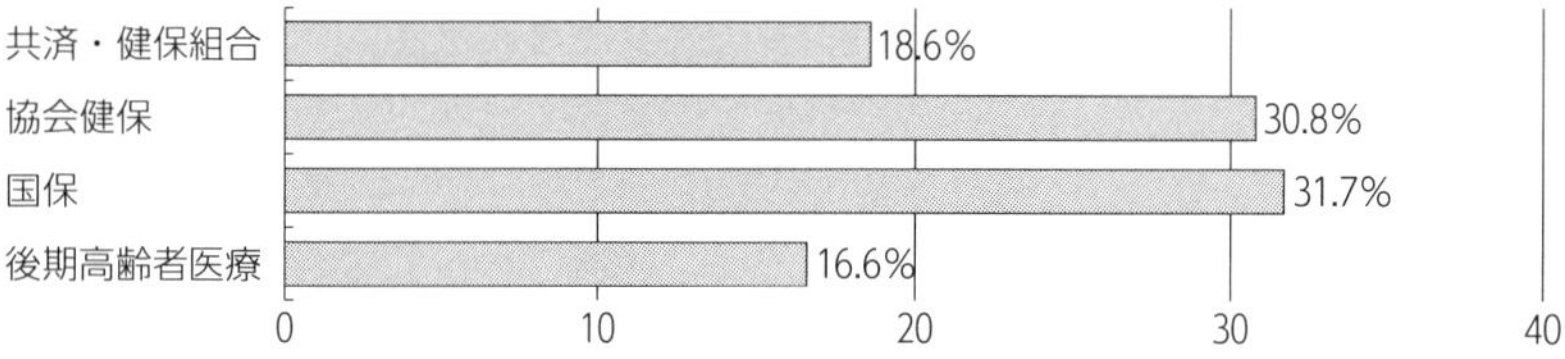

図4－1　経済的理由による受診抑制の経験あり

出所：高林（2014）、熊本市内での701世帯からの聴き取り調査による。

ているがとても高いので日々の生活を圧迫している」「保険料が高くて支払いが追いつかない（とどこおっている）」と答えた割合が、国民健康保険世帯では23・5％（76世帯／323世帯）、後期高齢者医療世帯では6・2％（9世帯／145世帯）であった（健保組合2・3％、協会けんぽ6・4％）。また、**図4－1**のように経済的理由（窓口負担の支払い等）による受診抑制の経験がある世帯割合は、平均26・7％（187世帯／701世帯）で、無職や非正規雇用者などが加入している国保が31・7％（102世帯／322世帯）、中小企業の雇用者などの加入が多い協会けんぽが30・8％（24世帯／78世帯）などとくに高い割合を示した（高林2014）。

このような被災前からの保険料負担と窓口負担が困難な状況の広がりを踏まえると、被災者にとっては医療・介護の保険料及び窓口負担（利用料負担）が減免されることは大きな支えであった。免除措置の復活を希望した割合が8割を超えたことは（83世帯の81・9％）、そのことを示している。

熊本県（国保・高齢者医療課）は医療費等免除措置の打ち切り後の対応を、国民健康保険法第44条にもとづく減免措置を活用すると説明した。しかし打ち切りから1年間で、相談件数は県内で13件、申請は2件、利用はわずか1件に過ぎなかった。[7] 全額免除の収入要件は生活保護基準の1・1

倍以下であり、預貯金を収入として計算される。住宅再建や災害公営住宅の入居のために少しでも蓄えている被災者はほぼ利用できない。後期高齢者医療制度（75歳以上）については過去1年間の災害にしか適用されないため熊本地震は除外される。免除措置利用の約4万世帯が一挙に国保法44条利用のわずか1世帯となったのである。

このように被災前後の医療保険等の制度の状況をみると、被災者の医療に関する特例措置の有効性の高さは、平時の医療制度の経済的負担の大きさ、利用の困難さゆえであることがわかる。被災者のうち要件に該当する世帯は、平時の医療保険制度の高い壁が一時的に取り払われた。その時期だけは安心して医療にかかることができた。しかし、特例が打ち切られると元の高い壁が立ちはだかる。被災前からの治療やリハビリに加えて、被災後に体調不良や持病の悪化を経験した人たちが、住宅再建のための新たな資金準備が必要な状況も相まって、受診を控えるという選択をしている（強いられている）のである。

3　免除措置復活の運動と限界

免除措置打ち切りは被災者にとって大打撃となるため、私たちは２０１７年9月に熊本県議会に対して医療費の窓口負担等の免除措置の継続を求める請願書を提出した。当時、東日本大震災から6年後の岩手県では、免除措置を継続していた（国保世帯のみ）。免除措置に関わる費用は、基本的に、8割を国が、残りの2割を県と市町村が半分ずつ負担する。被災した市町村の財政力の脆弱

写真４－２　県庁で免除措置の復活を訴える仮設自治会長

さを鑑みれば、この措置の継続の鍵は県が握っているといえる。しかし、熊本県は市町村を支える姿勢を示さなかったため、市町村は継続を断念せざるを得なかった。また、この課題への市町村の主体性も乏しかった。

請願は否決されたが、甲佐《こうさ》町《まち》白旗《しらはた》仮設の自治会長・児成《こなり》豊《ゆたか》さんを代表とする17人の仮設自治会長（益城町、西原村、大津町、熊本市）らが被災者の医療費等の免除措置復活を求める会を立ち上げて２０１８年５月から署名活動を始めた（みなし仮設住民２人も呼びかけ人に加わった）。熊本県保険医協会も組織として署名活動への全面的な協力を行った。児成さんは「受診抑制すると病気が悪化するので結果的に医療費の負担額が増えるという悪循環になる。目に見える復興より人の復興が大事。免除措置復活を何とかしたい」と語り続けてきた（写真４－２）。約４か月で２万筆以上の署名が集まり、９月県議会の厚生常任委員会に復活を求める請願を提出し、蒲島郁夫知事に署名と要請書（復活のための財政支援を要請）を提出した。しかし、再び自民党と無所属議員の反対で不採択となった。知事からの回答書も復活はしない、であった[8]。

4　災害時代の制度改革─選別主義から普遍主義へ

災害が起こるたびに被災者の多くは生活再建に大変な困難を背負う。そういう意味で、現在の日本は災害に弱い社会である。平時にも災害時にも国民・被災者の多くは、生命にかかわる医療費や食費、電気代さえも切り詰めることによって、病気や不調を抱えながら生活を維持することに苦心惨憺している。これには、前述のように日本の社会保障や災害救助・生活再建支援の制度が大きく影響している。社会保険制度は保険料負担等の要件をもつが、日本では医療保険のみならず介護保険・年金保険等を合わせた負担額が大きく、利用する際の窓口負担（利用料等）も重く、家計を圧迫している。

このような日本の社会保障制度の特徴は選別主義といわれる。選別主義は、社会保障の給付対象が狭く、所得制限によって中間層を除外し、低所得層に対しても厳しい受給要件を課すことを特徴とする。日本の教育や住宅、医療、社会福祉は、一部に所得制限が緩和された制度（高校の授業料無償化等）もあるが、基本的に選別主義に貫かれている。[9] それに対して普遍主義は中間層までを給付対象として普遍的な社会的権利の原理をもつことが特徴である。それはスウェーデンなどの北欧の制度に共通している。

これらの制度の違いは、社会保障単独の違いではなく、他の社会制度や他の社会的要因と関係している。普遍主義の社会保障は、その前提として、安定的な雇用・労働条件を社会的に創出する政策をもつ。また、高い水準の社会保障に責任をもつ政府は、透明な税制や監査の仕組みを整備し、選挙・議会制度を改善するなど、国民からの信頼を高めることを重視している（Rothstein 2011）。実際に、国民の政府や議会に対する信頼度は高く、これを維持している。それに対して、選別主義は、競争的な労働市場と選別主義の社会保障によって分厚い不安定雇用を生み出す。そして、国民は自助と自己責任の規範の影響を受ける。中間層に厳しいだけでなく低所得層にも行き届かない社会保障は、中間層以下の人々に、税と社会保険料の負担は連帯と安心の証しというより、他者のための自らの犠牲と思わせる。その結果、他者への信頼より不信が強まり、政府と国会に対する信頼も醸成されない（高林２０２４）。

第1章にて能登半島地震の被災地において、被災者が自治体行政に抱いている不信感について触れた。同じことは熊本地震と熊本豪雨の被災地にもみられた。私たちの社会では、平時から他者や政府・国会（行政・議会）への信頼の水準が低い。そこに災害が起こり、平時の選別主義制度の上に災害救助・生活再建支援制度の選別主義[10]が加われば、平時の不信をさらに強めるという結果を招く。普段からの住民同士の交流がある農山漁村と相対的な安定層が多く長年地域づくりに取り組んでいる住宅地を除けば、災害時に地域で住民が互いに助けあうことは難しい。制度も社会も、災害前から災害後まで地続きであり、災害時の問題は平時のそれの延長か増幅したものとみるべきである。災害によって明らかになった課題を、災害前から（平時）の制度と社会の問題として認識し、その改善・改革につながられるようなトータルな課題把握が求められている。

注

1　災害発生後、厚生労働省は、事務連絡として「災害の被災者に係る保険医療機関等における一部負担金等の取扱いについて」を関係機関に示し、災害救助法の適用市町村の住民で、被災や失職等の要件に該当する人に対して、一定期間、医療費の窓口負担等の免除措置を行う。この特例は、通例、事務連絡の更新によって1年半まで継続される。

2　熊本県保険医協会による「熊本地震被災者医療費助成制度に関するアンケート集計結果」（２０１７年11月28日～12月11日）では、「医療費助成終了の影響で受診を減らしたり中断したと思われる患者さんがいますか」（回答者３３３人）について46％が「いる」と答えた。「被災者への医療費助成を再開する必要があると思いますか」については「思う」が57％となっており、前者の質問に「いる」と答えた場合には後者の質問で「思う」と回答した割合が79％にも上る。同協会の提供資料より。

3　寺内奈諸「熊本地震を契機に発症あるいは増悪した震災関連精神疾患症例の検討」熊本県民医連学術運動交流集会２０１６年度抄録および配布資料、２０１６年2月19日、菊陽病院。

4　「仮設住宅入居者アンケートのまとめ【更新版】熊本地震における医療費の窓口負担等の免除措置終了後」２０１８年2月14日、熊本県民主医療機関連合会より。益城町と西原村の仮設団地について、合計４７９世帯から回答を得た。なお、熊本市と益城町の受診件数の減少数は筆者による自治体等への聴き取りによる。

5　私は、仮設住宅の自治会長らと熊本県民医連とともに、２０１８年11月から２０１９年3月まで、益城町、西原村、甲佐町、熊本市の9つの仮設団地と一部のみなし仮設にて、「被災者の健康と生活に関する実態調査」に取り組んだ。調査の目的は、被災者の医療費の窓口負担等の免除措置が２０１７年9月末に打ち切られたなかで、安心して医療等を受けながら速やかに生活再建できる制度づくりを熊本県等に対して提言するためであった。調査員は熊本県民主医療機関連合会の職員が担った（調査本部は熊本県民医連事務局）。高林が調査票の作成とまとめ作業に責任を持ち、調査活動においては調査員への事前学習を行った。調査員は聴き取りを終えた後に、調査票の内容とメモをもとに、訪問した世帯の記録を事例としてまとめた。調査協力いただいたのは9つの仮設団地等の全83世帯であった（プレハブ仮設90・4％［75世帯］、みなし仮設9・6％［8世帯］）。住家損壊の程度は、全壊73・5％（61世帯）、大規模半壊16・9％（14世帯）、半壊9・6％（8世帯）であった。聴き取りした83世帯のうち24世帯が深刻な状態であった。一つは「住宅再建」の家計への影響による受診控えであり（14事例）、もう一つは医療費負担による受診控えである（10事例）。

6　国民健康保険のデータは、厚生労働省「国民健康保険（市町村国保）の財政状況について」の各年度公表分より。

7　過去5年間の県内45市町村での利用件数（うち熊本市分）は、平成26年度から平成30年度（8月末）まで、それぞれ2（0）件、4（3）件、4（4）件、4（3）件、1（1）件である（熊本県国保・高齢者医療課提供資料）。この制度は地震前もほとんど利用されない。

8　熊本県では最初の1年間の医療費免除措置にかかった総額は約70億という（2018年9月11日、熊本県国保・高齢者医療課との懇談時）。この額は熊本県の2年半の地震関係予算8579億円の1％未満である。懇談時に担当者は財源がないとは言わないと発言した。

9　日本の教育政策は、教育保障の面において選別主義の特徴が強く、特に高等教育では経済的理由によって進学・就学を断念せざるを得ない人たち、奨学金の返済に苦しんでいる人たちが多い。住宅政策は公営住宅の供給量が極めて少なく、広く国民を対象とする家賃補助制度がない。医療保障については本章で論じた。社会福祉政策では、生活保護制度の受給要件の厳しさとそれに伴うスティグマ、捕捉率の低さがその（選別主義の）典型である。これらについては本書第6章で改めて論じる。

10　災害救助や生活再建支援の諸制度は、本書で示した避難所の生活環境や医療費等の免除措置の実態を踏まえれば、その対象・内容・水準の特徴は選別主義である。避難所の環境については救助の質が非常に低く、被災者生活再建支援法には所得制限はないものの支援額が少ない上に、住家の損壊程度（罹災証明書）によって細かく選別される。医療費等の免除措置についても、「一部損壊」や「準半壊」は制度の対象外である。

第5章　関係性の断絶と権利としての関係保障の条件整備

第1節　制度による関係性の断絶

多くの被災自治体では復興計画の内容や首長の発言に、「一人ひとりの生活再建」「最後の一人まで支援」「県民一人ひとりの『心の復興』」などが繰り返される。しかし、現実は、文字通りではない。被災者が制度とその運用を理不尽と感じて憤りを覚えることは少なくない。また、ボランティアが被災地にて活動することを制限されたり排除されたりする場面をみてきた。つまり、避難生活を含めた生活の復旧・再建、災害公営住宅建設や復興のまちづくりの取り組みが、失われた生活条件に関する物質的な保障をめぐって、あるいは人が人を支援する行為に関して、適切に機能していないことが多い。しかも、それらは災害のたびに繰り返されている。私は、被災地にかかわるなかで、このような建前と実際のギャップには、制度やその運用よりもさらに深いところに何らかの問題があるのではないかと考えてきた。これを制度や規範によって影響される人の関係性の断絶と関連づけると、日本社会の平時からの制度や規範の問題として把握することができるのではないだろうか。具体的な事例を挙げながら、より深いところにある問題を探ってみたい[1]。

1　仕事も家もペットも失い、住家損壊調査をめぐる奮闘

２０２０年7月4日、熊本県南部地域の球磨川沿いにある持ち家の自宅が浸水して、60代半ばの一人暮らしの女性は被災した。道路から3メートル近くも泥水が上がり、愛犬と庭木につかまって九死に一生を得た。自宅から犬と歩き始めると、パトカーの警察官が「犬を置いて避難所に行ってください」と声をかけた。家族同然の犬を置き去りにはできないので、ペットに理解のある熊本市内の友人を頼り、しばらく犬と友人宅に避難することにした。その後、罹災証明等の手続きや自宅の片付けのために、夏の暑さのなかで、地元と友人宅を車に愛犬を乗せて行き来する生活が続いた。愛犬は激変した環境が影響したのか息絶えてしまった。隣町では犬を連れて避難できる避難所があったと後で聞いて憤りが込み上げてきた。

数週間後に友人の家からみなし仮設に移った。建設型仮設ができるには9月以降まで待たなければならず、長く友人宅にとどまることはできなかった。選んだのは戸建ての賃貸住宅で、自宅周辺は賃貸物件が少ないため、地元から車で30分以上離れた地域であった。みなし仮設は建設型仮設とは異なり、エアコンを自分で設置し、家電なども自分で揃えた。役所や社会福祉協議会の職員によ

る訪問もなかった。支えになったのは、隣のコミュニティセンターでの手芸サークルであった。手先が器用で編み物などが好きな女性は、サークルに親しい仲間ができて、創作も交流も楽しみとなった。サークルのメンバーが被災した自宅の荒れた庭の草取りを手伝ってくれるなど物心両面で支えられた。

女性は住まいを確保するために亡き父親から受け継いだ自宅を改修する道を選んだ。しかし、問題に直面した。1次調査では自宅の損壊程度は浸水深が4センチ足りないため大規模半壊の判定を受けた。2次調査以降、役所の担当職員が計算ミスの結果を伝えて後で取り消したり、現場調査において建具のカウント漏れもあったりと、わかりにくい説明と不適切な調査があった。そのなかで、行政職員からの「公文書改ざんを求めるのですか」「調査で手加減はしません」などという言葉が女性の胸に突き刺さった。3次調査、さらにその補足調査まで行ったが、結果は変わらなかった。大規模半壊では、改修の場合、生活再建支援金を150万円しか受けられない。全壊（改修）であれば200万円である。義援金を含めて全壊であれば396万円を受けられたが、大規模半壊のために248万円となった。その差は148万円である。結果は受け入れざるを得なかったが、被災者に寄り添う姿勢を一切見せない行政の説明や調査に女性は深く傷ついた。

自宅も愛犬も失った女性は、避難の過程でいくつもの関係性の断絶を経験した。一つは、ペットとの関係を絶たれた。その原因はペットと避難ができない避難所との関係性の断絶である。避難所との関係性の断絶は制度とその運用によって引き起こされた。しかも、警察官による女性への言葉

（犬を置いていくこと）は、混乱していたにしても、それが当然であるかのような口ぶりであった。

もう一つは、みなし仮設の支援の欠如による地元との断絶である。やむを得ず選んだみなし仮設では孤立の心配があった。女性には、行政や社会福祉協議会からの情報提供や訪問、交流の場づくりなどの支援はなかった。みなし仮設は、自治体の地域内外にバラバラに点在するため、その支援方法は建設型仮設とは異なる。その特性に応じた支援をしない限り、みなし仮設の入居者にとって地元地域や同じ被災者との関係性の断絶が起こってしまう。女性は車を運転する上、趣味を通じた仲間とのつながりを得られたが、制度による関係性の断絶（遠方のみなし仮設に対して訪問さえない状況等）は起こっていた。

そして、住家被害の調査と判定が、被災者の被害実態と大きく乖離している制度上の根本的な問題がある。女性は、罹災証明の被害判定をめぐって2次調査、3次調査を依頼した。その理由は周囲の家がほとんど全壊判定であるにもかかわらず、自宅が全壊とならないことに疑問を持ったからであった。いずれの判定であっても支援金だけでは修理費用を賄うことはできないが、数センチの差によって支援金に大きな違いが出ることに疑問も生じた。つまり、住家損壊の判定結果が生活再建支援の諸制度の利用要件になるため、判定結果は被災者にとって死活問題なのである。このような疑義のより深いところに、そもそも災害による被害の認定が住家損壊の割合によってのみ測られていることの問題が横たわっている。被災住家の物理的な状態を一定の基準を用いて測定することによる、全壊、大規模半壊、中規模半壊、半壊、準半壊、一部損壊、被害なしなどの判定結果と、災害による住民の被害実態とは明らかに異なる。本人や家族が仕事を失ったり、事業の中断を余儀なくされたり、家族やペットを亡くしたり、本人や家族の病気の発症や持病の悪化があったりなど、住家の損壊以外にも、被災にはいくつもの側面がある。また、住家被害の程度と仕事・生活・健康の状態が一致しているわけではない。準半壊や一部損壊であっても、住宅の修繕費用は大きな金額になり、ストレスから疾患を発症する人もいる。被災者と行政との間での被害判定をめぐる真剣な交渉や紛争は、このような制度の問題から生まれている。実態としての被害に対する部分的な把握と被害実態に対応していない制度によって、被災者は必要な支援・保障との関係が断たれているのである。

それと同時に、住家被害判定をめぐる行政との話し合いや交渉の過程において、行政との信頼関係の断絶が生じる。私は女性と行政職員との話し合いに同席し、調査現場にも同行したが、行政が誠意を尽くしてわかりやすく説明し、丁寧に聴き取りながら調査を行うという姿をみなかった。不服のある被災者に対応している行政職員の姿勢には住民に対する彼らの不信感が露骨にあらわれていた。同時に、それは私たちが正しいのだと言わんばかりの権威主義的な姿勢であった。制度とその運用は相互理解と信頼関係をつくりもするし壊しもするが、私が見たものは後者であった。

2　高齢夫婦の過酷な避難生活と立ち退きの苦しみ

80代夫婦は、2020年7月4日の朝、自宅の2階まで水が上がってきたので、2階の押し入れの天袋に横たわった。水位が低くなるとゴムボートに救助されて避難した。避難先は小学校の体育館だった。まもなくダンボールベッドとパーテーションが設置された。食事は、朝はパン、昼と夜は業者の弁当が配られた。弁当のおかずは揚げ物が多い。温かいお茶漬けのようなものが食べたかった。2か月目は2人で1つの弁当も完食できずに残した。2か月で夫婦ともに10キロ痩せた。避難所の生活は限界だと思っていたので、8月末に仮設住宅に入居することができてホッとした。同じ仮設住宅に知り合いはいかなったが、大学生らが交流会を開いてくれたので、それをきっかけにお互いに顔見知りになった。和裁を教えていたので教室の生徒も物心両面で援助してくれた。

自宅を改修して早く戻りたいという夫の強い思いから、2022年の春に数百万をかけて改修した自宅に戻った。その後、役所から自宅前の道路（国道）を広げるから立ち退いてほしいという依頼があった。最初はまさかとは思ったが、本当に立ち退かざるを得なくなった。妻は自宅に戻っても眠れずに、体重もほとんど戻らなかった。夫は次第に痩せていき、立ち退き前には歩くのさえ困難になった。立ち退きの補償金で中古住宅を購入して転居し、自宅は解体された。その1か月半後、水害から4年を迎える前に、夫は転居後の自宅で息を引き取った。

高齢夫婦は、生理的に体が受け付けない食事に苦しんだ。一般的な生活において業者の弁当を2か月間も毎日2度も食べることはない。災害救助法において、炊き出しには1人1日当たり1330円以内の費用保障（2024年12月現在）を行い、多様なメニュー、栄養バランス、質などに配慮することが求められている。法に照らしても、避難所の食事は被災者を支える内容ではない。その点で、私はこれを行政と被災者の間における生命・健康に配慮するというケアの関係性の断絶とみる。コロナ禍であっても、簡易キッチンを避難所に設置したり、学校の家庭科室を活用するなどして、温かい食事を提供することはできたはずである。

そして、道路拡張は、被災者の終《つい》の住処《すみか》を奪った。地域住民の意見を聞きながら、時間をかけて地区計画を立てて、道路の拡幅や公園整備などを進める選択肢もあった。しかし、災害を契機に観光開発に軸足を置いた地域開発のために区画整理事業を決定した。被災者は、長年の暮らしが縦横に編まれた地域における多様な関係性から剥がされてしまう。このように幾重もの関係性の断絶、関係性からの引き剥がしが起こっているのである。

さらに、自宅2階の天井近くまで水が上がり、多くの死者をもたらすような被害の発生は、人の暮らしと自然との関係が不調和で歪なものになっている結果としてみなければならない。妻はこれほどの水があがったのは球磨川の上流にある市房ダムが緊急放流したに違いないと言った。また、この地域の被災者は、球磨川の本流側ではなく、裏側、つまり山側から水が溢れてきたとも語っていた（中島2021）。皆伐などで山が荒れた結果、多量の雨で山が崩れ、一部には土石流が起こり、多くの支流が氾濫したためである。自然を思うままに開発してきた資本と政府・政治が、人と自然との関係性の断絶をもたらした。その結果の災害であれば、人間と自然の関係の根本的な修復が必要である。

関係性の断絶は、被災者の生きる条件が制度によって断ち切られているだけではない。私は、ボランティア活動においても、相互に支え合う自主的で自由な関係が「制度」によって管理されたり、断たれたりするのを見たり経験してきた。

第2節　ボランティア活動における関係性の断絶と創造
―コロナ禍の熊本豪雨―

２０２０年7月の熊本豪雨はコロナ禍での初めての大規模災害となった。[2] 私は学生とともに7月4日の発災2日後から、広範囲に浸水した人吉市で、ボランティア活動に取り組んだ。この節では、その経験を通して、コロナ禍における災害ボランティア活動の課題と教訓を関係性の視点から論じる。その際、発災後2か月、半年まで、約1年までの3つの時期に区分し、それぞれの①ボランティアの動向、②被災者の状況、③県内外のボランティア活動の特徴的な動きを示す。

近年のボランティアは「遊動化のドライブ」と「秩序化のドライブ」へと二極化するなかで、後者への傾斜が指摘されている（渥美２０２０）。渥美公秀によれば、前者はその場その場でニーズをつかみ臨機応変に支援する災害NPO・ボランティア団体等の発展、後者が災害ボランティアセンター（以下、VCと略す）等の指示に応じて秩序だって行動するボランティア活動の広がりである。熊本豪雨では、新型コロナウイルスの感染への不安の中で、ボランティアの「支援控え」が生じた（室崎２０２１a）。渥美の概念を用いれば、コロナ禍の下、「秩序化のドライブ」が強まった結果、「遊動化」の典型である災害NPO・NGO等も「秩序化」に組み込まれたと言えるだろう。その背景には、後述のように、政府や自治体、民間中央組織がボランティアを管理する動きがあった。他方で、この動向が、被災地内外で個人・団体がそれぞれに災害ボランティアの役割や被災者に寄り添うことの意味をあらためて問い直す契機となった。そして、自由かつ臨機応変に新たな支援を模索し創造するというボランティアの原点回帰へのドライブ（動向）を生みつつある。その意味で、コロナ禍で席巻した「秩序化のドライブ」の影響の下、ボランティアの自主性の発展、ボランティア活動の「主体化」の自覚と挑戦が起こりつつある。それは被災者とボランティア、ボランティア相互の関係性の断絶と創造のせめぎあいともいえる。このような観点からコロナ禍の災害ボランティアの実態と諸問題を分析する。

1　発災から2か月間

1　県内に限定されたボランティア

2020年6月1日、全国社会福祉協議会がコロナ禍における災害VCの設置・運営やボランティア活動に対する一定の制限の方針を公表した。同日、全国災害ボランティア支援団体ネットワーク（以下、JVOADと略す）もNPO等の支援組織の動きを制限するガイドラインを出した（JVOAD2020）[3]。内閣府政策統括官（防災担当）付参事官（普及啓発・連携担当）は同じ日に「新型コロナウイルスの感染が懸念される状況において効果的な災害ボランティア活動を行うための関係機関の連携強化について」というＪＶＯＡＤのガイドラインを紹介する文書を技術的助言として都道府県に発出した。これらの指針の下、被災地の災害ＶＣが受け入れ対象を県内に限定したため、ボランティアは（一時期を除いて）県内在住者に限られた。この「県内限定」が今回の災害ボランティアの「秩序化」の波の震源となった。私は、被災地に通いながら、個人ボランティアも災害ＮＰＯ等も中央組織からの行動規制に戸惑っていることを肌で感じた。そして、発災後からボランティアの動きは明らかに低調であり、県外からのボランティアの来態が早期に実現してほしいと願っていた。

熊本県内の災害ＶＣの動きの本格化は発災８日後の12日からだった（同日の活動者は７５１人）。7月後半の土日には千人を超え、発災から19日後の23日（祝日）に２０８５人と最大数となった（最大13市町村で災害ＶＣを設置）。背景には熊本県や熊本市などの複数の県内自治体が、被災地へのボランティアの無料送迎バスの運行を開始したこともあった。しかし、学校が夏休みに入った8月に千人を超えたのは8日と9日の土日（各１１７１人、１１７８人）のみだった。災害ＶＣ稼働日当たりの平均活動者は、７月の６２１人が8月には５３３人へと減少した（熊本県社会福祉協議会２０２１、以下、熊本豪雨の災害ＶＣのデータは同資料による。以下、社会福祉協議会は社協と略す）。

この期間に、新型コロナウイルスの陽性者は7月半ばから増え始め、熊本県は感染リスク基準を7月21日からレベル2に、28日からレベル３に、８月４日からレベル４へと引き上げた。人吉市でも8月5日に50代の男性２名の陽性が判明した。

ボランティアはマスクを着用した。ほとんどの窓やドアが壊れて外れた被災家屋での片付けや泥だしだったので、活動中の「三密」の心配はなかった。恐れたのは熱中症だった。8月に入ると気温が上昇し、前半は34℃前後、17日から37℃以上が4日間も続いた。マスクをした状態で、スコップで泥をかき、土嚢袋や一輪車に入れる作業をしていると何度も息が苦しくなった（**写真5－1**）。

2　被災者の様子

　水害の片付けや泥出しには、非常に多くの人手を要する。熊本豪雨では1軒に1日平均9・5人のボランティアが活動している（熊本県社協2021）。これは熊本地震の平均5・5人の1・7倍である（熊本県社協2019）。人吉市上薩摩瀬町《かみさつまぜまち》および下薩摩瀬町の球磨川沿いの地域は道路から約3メートルの高さまで浸水した。私たちは7月中にこの地域で泥だしをしたり、野菜スープを配ったりしていたが、発災から10日間はボランティアの姿をほとんど見なかった。7月15日頃から災害VCから派遣されたボランティアが目に入るようになった。

写真5－1　2020年8月、猛暑の中のボランティア活動

　多くの被災者は避難所から通ったり、自宅2階に避難したりしながら、浸水した家屋の片付けと泥出しをしていた。その表情には疲労と落胆が現れていた。一方、17日には、「2日間で多くのボランティアの協力があって一気に泥出しが進み助かりました」と明るい表情の被災者に会った。7月20日には下薩摩瀬

町の隣の下林町《しもばやしまち》と温泉町《おんせんまち》を野菜スープを配りながら歩いたが、ボランティアの姿はなく、被災者だけが泥出し作業をしていた（レトルトパックの野菜スープの配布は被災者の免疫力維持に加えコロナ感染予防・重症化予防のためである［前田浩２０２０］）。

3　ボランティア不足

数の過不足という点からボランティアを語っていいのかという意見もあろう。災害から2か月、圧倒的に数の力を必要とする状況で、片付けや泥出しの作業においてボランティアへの期待は大きい。災害ＶＣ始動から最初の1か月の1日当たりのボランティア数は、熊本地震の１８０７人に対して熊本豪雨は６４５人、35・7％であった（熊本県社協２０１９、熊本県社協２０２１）。熊本地震で熊本市災害ＶＣが把握したボランティア延べ３万７９００人のうち、県外在住者は2万９１８３人と全体の約77％を占めた（２０２１年6月3日、熊本市社協に確認）。県外ボランティアの存在がいかに大きいかがわかる。県内限定によるボランティア不足の中、蒲島郁夫知事（当時）は7月21日に文書で熊本県内の学生に向けて被災地でのボランティアへの参加を呼びかけた。

8月14日に病院職員の紹介で人吉市中心部の被災世帯を訪問すると、1階の天井まで水に浸かった家は片付けも泥出しも手つかずのままだった。家族3人がそれぞれ病気等を抱えて、自宅の2階で避難生活を送っていた。災害ＶＣに依頼したが連絡が来なかったと言われ、私たちが片付けと泥出しを始めた。

このような世帯があった背景には、人吉市災害ＶＣ（球磨村と合同）がフル回転してもなおニーズに追いつけない状況があった。社協職員による支援も県内に限定されたため、災害ＶＣを運営するスタッフも不足していた。人吉市災害ＶＣは隣接の宮崎県内の社協から職員派遣の協力を受けたが７月24日から８月２日の週末のみだった（８月４日からコロナのリスクレベルが４に上がり継続を断念）。スタッフ確保に苦労する中、発災から１か月間（８月３日まで）の新規依頼件数５７６件に対し、延べ活動者数７９７７人、完了件数２５２件であり、完了割合は43・８％であった（熊本県社協２０２１）。受け付けたニーズを１か月以内にすべて完了することはできないが、発災から約３週間内（７月26日まで）に受け付けたニーズ（５３６件）を１か月以内に完了させるには（１件の完了に必要な活動者は実績にもとづき10人が３日間として計算）、ボランティアは延べ１万６０８０人必要だったと試算される。ニーズから見れば必要なボランティア数は、実際に活動した人数の２倍となる。完了できないニーズは後に災害ＶＣがボランティア派遣するか、家族や身内、災害ＶＣを通さないボランティアなどが対応した（後者は災害ＶＣへの依頼はキャンセルとなる）。酷暑の中、私たちが知っているだけでも何人もの被災者が片付け作業によって体調を崩した。

４　県外のボランティアと災害ＮＰＯ等

災害ＮＰＯ・ＮＧＯ等も前述のガイドラインによって他県への支援の自粛が求められた。原則、被災地の自治体や中間支援組織からの要請がなくてはボランティア団体が被災地に入ることはできなかった。それでも、豪雨災害後、速やかに県外から現地入りして、感染予防策をして被災者や支援者のサポートを行った団体があった。また、避難所の先見や支援物資を届けるために、被災地に一時的に入った団体や個人もあった。コロナ禍の被災地に県外から入ることを選び、ボランティアの自主性を貫いた人たちである。

しかし、ほとんどの団体やボランティアは、県境を越えることを控えた。また、多くの方がすぐに被災地に駆けつけたいと思い、せめて先見のために入ろうと考えた。しかし、被災者のことを強く思うほど、万一コロナ感染を持ち込んだらと考えて断念した。被災地から支援を要請されることを期待したが声がかからないと漏らした方もいた。[4]

マスコミの報道内容も「支援控え」に影響した（渥美2021）。2020年7月29日の熊本日日新聞の朝刊が「県内限定7割望む」という見出しの記事を報じた。公式LINEのアンケートに答えた1434人の中で、豪雨災害のボランティア受け入れについてコロナ感染リスクの不安から「県内に限定すべき」「どちらかといえば限定すべき」が合わせて7割という結果である。県外在住のボランティアの中にはこの記事を読んで来熊を思いとどまった人もいた。ただし、この記事をよく読むと、「県外から受け入れていい支援は？」（回答者全員を対象とした質問）の結果は、「医療・福祉関係者」が73・1％、「行政関係者」が49・0％、「ボランティア団体」も37・5％であり、専門職の支援などを容認する人たちはかなり多い。確かに「一般市民」は17・1％と低いが（この選択肢が「ボランティア」という理解だろう）、この質問で「県外から受け入れるべきではない」つまり、職種を問わず「完全県内限定」を求める声は17・1％（2割未満）にとどまった。専門職ボランティアやボランティア団体が県外から被災地に入る必要性を多くの人が理解していたのである。

ボランティアと災害NPO等の「支援控え」の一方で、自治体行政における県外の応援職員の動きは全く違った。九州各県と神戸市、岡山市、広島市等の県外から被災地への行政職員の派遣は2020年8月31日までに延べ3037人（保健師等は含まず）であった（熊本県2020）。県外からの応援職員は、検温と健康チェックをして（事前のPCR検査なし）、避難所運営及び窓口対応の支援などを担った。応援職員派遣は、九州・山口9県災害時応援協定にもとづく。法や条例を基礎とする行政は協定締結という事前の「制度化」をコロナ禍においてうまく活用した。行政の被災地支援において「地元の意向」は県外からも応援に入ることであり、入らないという選択肢はない。災害NPO・NGOまでもがガイドラインに縛られて「秩序化」の負の側面に影響されたこととは対照的である。

もちろんボランティアや災害NPO等は「秩序化」に組み込まれただけでない。熊本県に入ることを控えた団体や多くの個人は、県外から可能な支援を主体的に模索した。私たちの団体（熊本学園大学社福災害学生ボランティアグループ、代表・山北翔大、筆者は顧問、当時）では、京都の佛教大学や神戸のチーム神戸から被災者のための家電製品などの物資の提供を受けた。また、災害NGO「結」は、スコップ（シャベル）や一輪車などの資機材、被災地への移動手段として軽自動車を無償で貸与してくれた。兵庫県立大学大学院の室﨑益輝教授（当時）は、8月から毎週、兵庫県立大学大学院の授業の一環として被災地で活動する支援団体と院生をつなぐ「オンライン・フィールドワーク」を開催して、被災地の状況をつかみ、遠隔地からの支援のあり方を模索していた。そして、室崎教授らは、8月14日から、被災地で泥出しなどの支援活動を行っている学生たちを激励し支援するための「クラウドファンディング」（以下、ＣＦと略す）の呼びかけを始めた。県外でもボランティアの自主性・主体性が動き出した。

2　9月からの4か月―避難所から仮設住宅へ

1　ボランティアの減少と県内限定の解除

9月になると災害ＶＣはボランティア受け入れを金土日または金土の週3日か2日に限定した。人吉市災害ＶＣの8月末までの依頼件数（６６５）に対する完了件数（５１３）の割合は77％であり、7月末の同38％に比べると大きく進展した。それでも現地の「情報共有会議」では経験のある災害支援団体のリーダーから開設日を減らすことを疑問視する声があった。現場で日々支援している人たちが感じている必要な作業量と支援者数のギャップはなおも大きかった。

9月から12月にかけての災害ＶＣの開設日当たりの平均活動者数（全ＶＣ分）は１９１人、１６2人、１３３人、１４４人と減少傾向となった（**図５－１**）。被災者からの災害ＶＣへの支援依頼も少なくはなったが途切れることはなかった（それぞれ84件、50件、35件、16件）。新型コロナウイルスの陽性者は同時期に1日平均１・８人、７・２人、７・５人、27・５人と、11月までの感染状況は落ち着いていた（**図５－１**）。人吉市災害ＶＣは10月後半の開設日当たりの活動者数が１００人を下回る中、感染状況を踏まえて11月1日から県内限定を解除し、県外（九州在住者）からの受

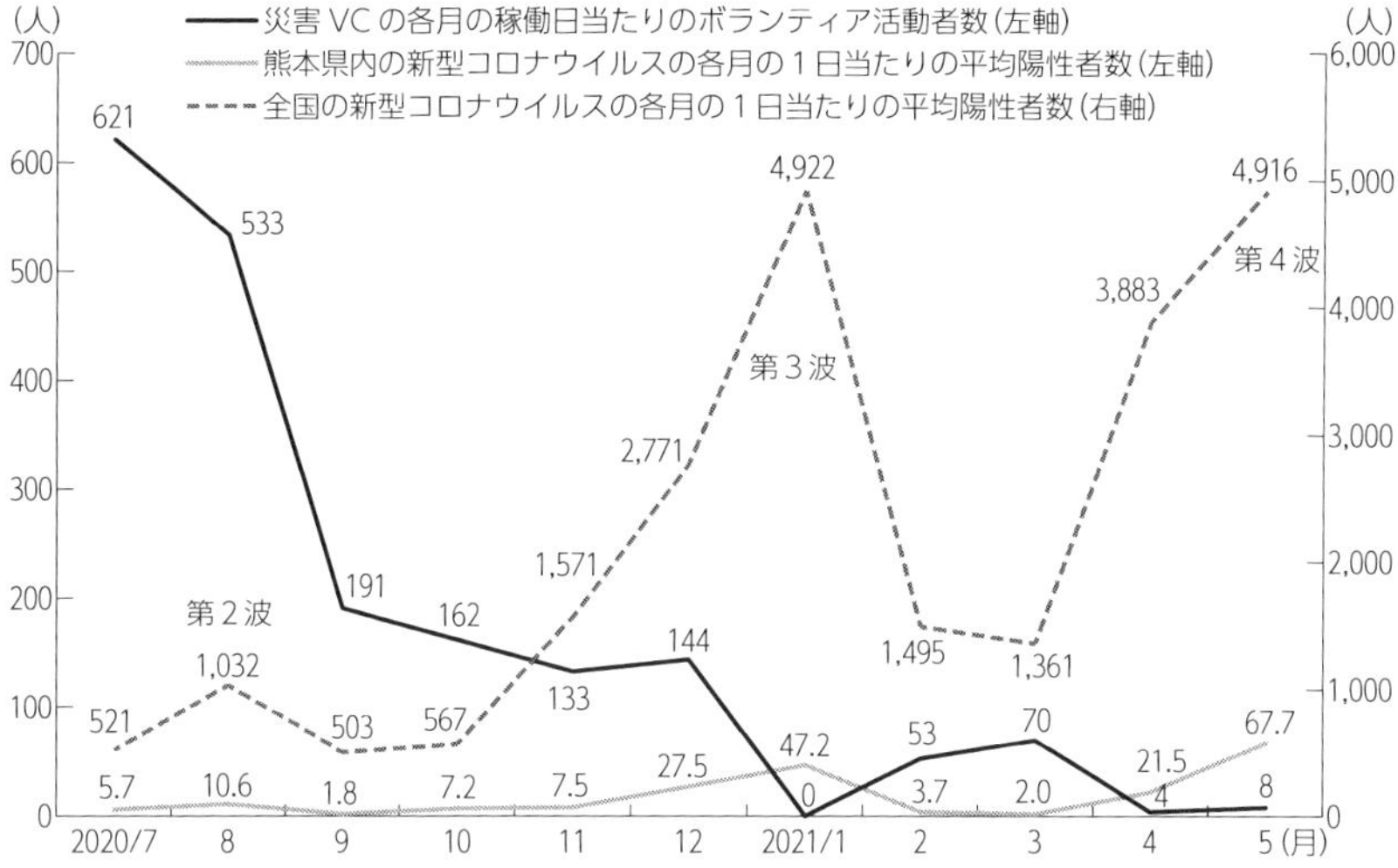

図5−1　熊本豪雨のボランティア活動者数と新型コロナウイルス陽性者数の推移

出所：熊本県社会福祉協議会「令和２年７月豪雨 熊本県内被災地災害ボランティアセンター活動実績一覧」、熊本県オープンデータ　新型コロナウイルス感染症陽性患者属性（https://www.pref.kumamoto.jp/soshiki/211/82808.html）、厚生労働省オープンデータ　新型コロナウイルス感染症陽性者（https://www.mhlw.go.jp/stf/covid-19/open-data.html）

け入れを開始した（12月20日まで）。しかし、12月から第3波が到来し、1月に熊本県が独自の緊急事態宣言を出したことで、災害ＶＣは12月下旬から翌年2月中旬までボランティアの受付を中止した。

2　在宅避難と建設型仮設の状況

在宅避難の方々は熊本県内の被災地全体で２６１４世帯あった（熊本県２０２０年12月25日「令和２年７月豪雨に係る被災者支援の状況等について」）。学生と私は、9月以降も、人吉市で在宅避難者の訪問と支援を続けていた。在宅避難者は、風呂やキッチンが使えず、家電製品の購入は追いつかず（置く場所もない）、カセットコンロで調理するなど、普段とは程遠い生活を送っていた。胃腸の調子が悪いなどの訴えもあった。高齢者は２階があっても足が不自由なため1階のカビの多い部屋で生活するケースがあり、カビの影響のためか咳が出るようになったという方もいた。

熊本日日新聞は、9月1日の朝刊トップで「在宅避難、届かぬ支援　食事不十分、ガスや風呂使えず…　全容把握遅れ、命の危険」という見出しで、在宅避難の厳しい生活を大きく報じた。記事で取り上げられた3世帯の事例は、いずれも私たちが支援している世帯に記者が同行して書いたものだった。当時、市役所は在宅避難者の数さえ把握しておらず、行政や社協からの訪問もなかった。私たちを含めて民間のいくつかのボランティア団体が週に2日程度、限られた戸数を訪問していた。在宅避難者への支援の遅れ、支援の漏れは明らかだった。

一方、8月から12月にかけて建設型仮設が順次整備され、人吉市では13の仮設団地への入居が少しずつ進んだ。私たちは9月8日に初めて建設型仮設団地を訪問した。約2か月の避難所生活を経て仮設に入居した被災者からは、疲れた表情と新たな環境での不安がうかがえた。高齢者の場合、避難所で体力や認知機能が低下した方もいた。仮設団地では「話し相手がいない」「買い物や通院が困難」などという声を聞いて、交流支援や生活支援の必要性を強く感じた。しかし、8月から11月にかけて、人吉市の仮設団地でのコミュニティ形成や生活支援へのかかわりは行政も社協もほとんどなかった。ボランティアもひまわり亭（代表・本田節さん）等の一部の団体の他には訪問する様子はなかった。仮設団地の集会所（みんなの家）も鍵がかかったまま利用されていなかった。熊本地震の際、益城町等の建設型仮設で当初からみられたような、ボランティアによる食料・食器類等の配布や交流会の支援の風景はなく、建設型仮設においても支援の空白が生じていた。

私たちは建設型仮設のニーズに応えるために、9月下旬に人吉市生活再建支援室の職員に仮設団地の集会所を利用して、住民の交流の支援をしたいと申し出た。これに対して、集会所の使用ルールが決まっていない上に、孤立防止や健康づくりの支援は専門職の役割であるので学生ボランティアの協力は考えていないとのことであった。その回答に私たちは戸惑う一方、仮設団地に入居した被災者が疲労と孤立で健康悪化しないか非常に心配になり、戸別訪問しながら交流支援の方法を探った。それは、県内でも「秩序化のドライブ」を感じながら、私たちがコロナ禍において被災者と被災地に寄り添うことの意味と方法を考えて具体的活動を模索する作業であり、ボランティアとしての「主体化」のプロセスであった。

3　県内の奮闘、地元との協働、行政の遅れ

災害VCのボランティアの県内限定の状況で、ボランティアの絶対数が不足する中、被災地の住民の助け合いや災害VCを通さずに活動する人たちの奮闘もあった（いわゆる「復興ばね」、室﨑2021a）。週末になると実家を離れている息子や娘の家族や親戚が片付けに訪れている世帯は少なくなかった。人吉市の球磨工業高校の野球部のメンバーはチームメイトの自宅の泥出しに尽力していた。熊本県内の社会人スポーツチームも被災した同僚の実家を支援していた。八代市の秀岳館高校の生徒は卒業生・在学生を含む被災世帯での泥だし・片付けを継続し、7月から3か月間で59日、延べ5324人が活動した（災害VCを通じた活動を含む）。

私たちは、被災者の戸別訪問を続ける一方、建設型仮設での交流支援を行うきっかけを得るために、人吉市社協の職員を介して、人吉市東校区社協の原口英一会長にお会いした。建設型仮設での交流会を共同で開催したいと提案し依頼したところ、協力の約束をいただいた。10月13日、私たちはコロナ感染予防策をした上で、人吉市梢山《こずえやま》グランド仮設団地にて第1回の交流会（つながるカフェ）を開催した。晴天のもと、仮設団地の敷地内にテント（タープ）を張り、机と椅子を設置した。10人ほどの入居者の方々が集まった。校区社協役員5名、学生ボランティア10名は、被災者が語る水害当日の話などに聞き入った。その後、緊急事態宣言等の期間を除き、ほぼ週1回、各仮設団地で順番に「つながるカフェ」を開いた（**図5－2**）。東校区以外の校区社協役員等の参加もあり、学生ボランティアが地域住民と仮設団地の被災者との橋渡し役となった。12月1週目までの交流会は建設型仮設の敷地内でテントを張って屋外で実施した（**写真5－2**）。それはコロナ感染予防を意図した工夫であったが、実際には、行政が管理する集会所の利用許可を得られなかったためであった。

仮設団地でのボランティアによる支援が不足した要因の一つにコロナ感染症の不安によるボランティアの「支援控え」があったことは否定できない。しかし、9月から11月は熊本県内の感染状況は落ち着いており、ボランティア活動を行う条件はあった。ボランティアの動きの乏しさは行政による仮設団地の自治会づくりや集会所の利用許可が遅れたことが一つの要因となったと私は考えている。市役所が仮設団地の入居者の中から「運営委員」を選ぶための会合を呼びかけたのは11月の3週目以降であった。集会所の鍵の管理を行う「運営委員」が決まる頃、多くの仮設団地では入居

年月	日	出来事（主に人吉市）	日	社福災害学生ボランティアグループの主な動き
2020年 7月	4日	発災 災害VC開設 〈コロナ第2波〉	6日	泥出し・片付け、野菜スープの配布 くまもとSDGs推進財団の助成 県外団体からの物資提供
8月		最初の建設型仮設完成		在宅避難者の訪問・支援 発災から2021年3月まで人吉で毎週2回活動
9月		災害VC週末のみ開設に		建設型仮設の訪問・支援
10月			13日	つながるカフェ第1回（建設型仮設での交流会） つながるカフェ第2回・3回 みなし仮設（市営住宅等）の訪問・支援
11月		地域支え合いセンター開設		つながるカフェ第4回 つながるカフェ第5回・6回 つながるカフェ第7回・8回
12月		仮設団地の集会所利用開始 〈コロナ第3波〉		つながるカフェ第9回・10回 学生災害ボランティア支援の会（CF）助成 つながるカフェ第11回・12回
2021年 1月	14日	県独自の緊急事態宣言 （2/7まで）		つながるカフェ第13回・14回 つながる広場の準備
2月	22日	ボランティア連携会議	23日	つながるカフェ第15回（神戸から遠隔参加あり）
3月				つながるカフェ第16回・第17回（遠隔あり） つながるカフェ第18回・第19回（遠隔あり） つながるカフェ第20回
4月	23日	〈コロナ第4波〉 県リスクレベル最大に	18日 25日	つながる広場第1回（みなし仮設の交流会） つながる広場第2回（延期）
5月	16日	まん延防止等重点措置		2021年4月から人吉で毎週1回活動

図5－2　発災後の主な出来事と熊本学園大学社福災害学生ボランティアグループの動き
出所：筆者作成。

写真5－2　2020年10月、第1回「つながるカフェ」

から2か月が経っていた。[5] 私たちが初めて集会所を使えるようになったのは12月半ばであった（12月11日の11回目のつながるカフェで初めて利用）。発災から4か月後の11月から実質的に始動した人吉市地域支え合いセンターは12月から仮設団地の集会所を使って交流会（オープンカフェ）を始めた。

4　CFの支援者支援の創造性と主体性

このころ、県内限定のボランティアを、なかでも若者たちを支援する動きが進展した。室﨑益輝教授を代表とする県内外の大学教員やNPO・ボランティア約50名の「学生災害ボランティア支援の会」によるCFは795人から500万円の目標金額を大きく超える約1000万円を集めた。[6] 若者たちへの支援にはいくつかの理由があった。支援の担い手を支えることによって、被災者が復旧作業に無理をして健康を害したり、関連死に至ることを防ぎたい。若者たちもコロナ禍でアルバイト機会が減少するなど生活の苦しさが増しており、資金面から支えたいという理由である。同CFは長靴や手袋の購入、交通費などを考慮して、助成金の経費算出の基礎をボランティア団体等のメンバー1人1日につき2000円とした（1プロジェクトの上限20万円）。CFは2021年5月末までに高校生・大学生らの13団体（熊本県・大分県・佐賀県・兵庫県の学生団体）の23プロジェクトに総額521万1279円を助成した。これは学生団体にとって継続的な支援活動の物心両面での支えとなった。

他のボランティア団体も、CFで学生の「有償ボランティア」の支援を呼びかけ、全国から226万円が集まった。その9割以上が県外在住の方だった。学生有償ボランティアには1日5000円の日当と1000円分の食事券を提供することで、バイト収入の減少というコロナ禍の影響を受けながらも被災地で活動する学生を支援した（熊本日日新聞、2020年8月22日）。

コロナ禍という災害の中で起こった豪雨災害の被災者を支援する人たちへの支援が県外支援者によって実践され、その輪は大きく広がった。それは、県内限定のガイドラインによる「秩序化のドライブ」の中で、被災者と支援者のニーズを汲み取り、主体的かつ創造的に支援する「遊動化のドライブ」といえる。「支援控え」を乗り越えようと、ボランティアの主体性が強力に現れた。

3　2021年の5か月間—第3波・第4波の下

1　たびたびのVCの停止とNPO・NGOのサポート

熊本県は感染リスクレベルを12月1日からレベル4とし、14日からはレベル5に引き上げた。また、翌年1月22日から2月17日まで県独自の緊急事態宣言を出した。12月20日までボランティアを受け入れた人吉市災害VCは、緊急事態宣言によって年末年始を含み2か月間、完全にストップした。ただし、その間も、災害NPO等は災害VCへの依頼のうち被災家屋や公民館の改修ニーズにあたっていた。背景には、2020年10月中旬からKVOAD（くまもと災害ボランティア団体ネットワーク）を介し、人吉市社協の要請を受けて災害VCの支援に入った災害NGO「結」の存在がある。このころ、「結」の前原《まえはら》土武《とむ》代表は作業系NPO・ボランティア団体の情報共有会議を提案し、災害VCと一体的に作業系ニーズへのきめ細かな対応をコーディネートしていた。人吉市社協の速永同志子次長は「結」に信頼を寄せて、「もっと早く支援に入ってくれていればと強く思うが、私たちは災害NPOとの協力の経験がなかったので自分たちからSOSを出せなかった」と語った。「秩序化」の一端である災害VCと「遊動化」の第一線にいる災害NPOの対話と協働が熊本豪雨の被災地でも生まれて力強く展開した。

県独自の緊急事態宣言が明けた2月と3月の災害VCの開設日当たりの活動者数は、それぞれ53人と70人であった（図5-1）。そして、4月末からの第4波によって災害VCは再度停止となった。熊本豪雨の11か月間のボランティアは3万9860人であり、熊本地震の同11万9448人に対して33・4％に止まった（熊本県社協２０１９、熊本県社協２０２１）。

2　緊急事態宣言下での活動

私たちのグループは、年末は12月30日まで、年始は1月5日から、在宅避難者と仮設団地などを戸別訪問した。1月8日と12日には、建設型仮設の集会所での「つながるカフェ」を実施した。緊急事態宣言によって1月22日以降は、私たちの交流会も、地域支え合いセンターによるオープンカフェも中止となった。人吉市の仮設団地の集会所利用には行政の許可が必要なためである。

緊急事態宣言下で、ボランティアグループの中には被災地での活動を控えたケースもあったが、私たち団体は集まる活動はできなくとも訪問は可能であると考えて週2日の活動を継続した。その際、これまで一度でも顔を合わせた方、つまり少しでも信頼関係がある世帯を積極的に訪問することにした。この期間も訪問はどこでも歓迎された。熊本市内から来た学生を仮設団地の自宅に招き入れ、人生の思い出などを語ってくれた年配の方もあった。また、災害ＮＰＯ等の他団体が取り組んでいる被災した自治会の公民館の仮復旧作業の手伝い、リフォームした家屋の庭の泥出しなど、人と交流せずにできる作業も行った。

3　連携の模索

熊本豪雨の熊本県内のみなし（賃貸型）仮設の１０４６世帯（公営住宅含む）は建設型仮設７６８世帯の１・４倍であり、人吉市の６５５世帯は３４５世帯の１・９倍である（表５‐１、戸数ピーク時２０２１年１月）。私たち団体は、熊本地震から3年間、益城町地域支え合いセンターと連携

表５－１　熊本豪雨の熊本県内の応急仮設住宅等の入居状況（2021年1月25日現在）

	建設型仮設			賃貸型仮設		公営住宅等		合計	
	団地数	入居戸数	入居者数	入居戸数	入居者数	入居戸数	入居者数	入居戸数	入居者数
全体	24	768	1,865	824	1,925	222	427	1,814	4,217
人吉市	13	345	765	505	1,118	150	285	1,000	2,168

出所：熊本県健康福祉部健康福祉政策課すまい対策室資料から筆者作成。

して、みなし仮設で暮らす被災者の交流会を定期的に行った。今回も早くから仮設住宅の中でも孤立しやすいみなし仮設の方々の交流支援を構想していた（高林２０１９）。みなし仮設の入居者名簿は自治体と地域支え合いセンター（市社協運営）のみが共有しており、ボランティアだけではみなし仮設の入居者につながることはできない。地域支え合いセンターとの連携はみなし仮設の方々を継続的に支援していく上で欠かせない。私たちを含む主催６団体は会議を重ね、コロナ感染予防対策として多くの人を一度に集めないために、また被災者の従前の居住地に近い場所で交流するために、２回に分けて２つの地域で交流会を実施することとした。２０２１年4月18日（日）、第１回のみなし仮設の交流会「つながる広場」を開催した（**図５－２**）。みなし仮設の入居者40人、地域の民生委員や校区社協の役員、地域支え合いセンター職員等20人、学生を含めたボランティア30人、合計約90人が参加した（**写真５－３**）。4月25日（日）の第2回の交流会は、4月19日からリスクレベルが4に、23日から5へと短期間に引き上げられたため、急遽中止して延期とした。

この取り組みの準備中の2月22日、人吉市地域支え合いセンターにて、生活や交流の支援に携わるボランティア団体や地区社協の連携会議が初めて開

写真５－３　2021年４月、第１回「つながる広場」

かれ、私たちの団体も参加した。行政も加わるなど、熊本地震の際にはなかった画期的な試みといえる。[7] ただし、私たちが本当の意味で連携を実感したのは、「つながる広場」を地域支え合いセンターとともに準備し実現する過程においてであった。人吉市社協が常々「地元が地元を支援するという関係を大切にしたい」と言っているように、私たちも連携を通して、被災地の主体的な活動が発展することを意識したかかわりを継続的に行ってきた。市町村社協は社会福祉法に位置づく制度化された組織でありながら、そのもっとも基礎的な部分は、住民による自主的な地域福祉活動やボランティア活動およびそれらの育成・支援である。この四半世紀、介護保険事業の増加、職員の非正規化を背景に、住民主体の地域福祉推進への注力が難しくなっている市町村社協にとって、「遊動化」と「主体化」は地域福祉の発展になくてはならないベクトルである。市町村社協と地域内外の災害ＮＰＯ・ボランティア団体との協働は、地元の地域福祉活動・ボランティア活動の発展とともに、中央主導の地域包括ケアシステム（「総合事業」等）へのボランティアの「秩序化」ではなく、草の根・暮らしの場（地域）からそれらを再構築するための戦略的かつ挑戦的実践になるだろう。

４　生活支援を制度の問題点と結んで

私たちは、泥だし、片付けから、生活支援、コミュニティ形成の支援に携わる中で、災害救助や生活再建の諸制度とその運用の課題に被災者が直面し、苦労する場面に否応なく立ち会うことになった。被災者の権利を代弁（アドボケイト）するとともに「復興災害」を防ぐためにも、被災者にかかわる制度の諸問題に取り組むことはボランティアの重要な役割の一つである。いくつもの問題の中から２つの点を取り上げる。

一つは家屋の損壊程度の判定である。これに不満を持つ被災者が役所と交渉する際、その方の求めに応じて、常に同行して被災者をサポートした。１次調査で「大規模半壊」（浸水深１７６㎝）と判定された方が（１８０㎝以上が「全壊」）、２次調査では48点であった（50点以上が「全壊」）。３次調査の後、調査方法や結果説明の仕方に納得できず、役所との協議を重ねたが、やはり納得できる説明が得られず、折り合いがつかない。市役所と県庁は、現在の内閣府の調査マニュアル通りに調査を行えば、現状よりも厳しい結果になるため、かなり柔軟な運用をしているという。つまり、自治体は政府が示している調査方法の問題を指摘しているのである。市役所は、この方に対して「被災者に寄り添って調査をした結果だから判定結果は変わらない」と繰り返した。しかし、そのことが調査方法に納得がいかない個々の被災者への具体的な説明にはならない。政府の調査マニュアルは自治体職員と被災者の間に対立を作ってしまっている。木造と異なる非木造（鉄骨造等）の調査方法にも多くの不満の声を聞いた。2階まで浸水しても1次調査での浸水深による判定がないので「半壊」判定が多い（生活再建支援金の対象は「中規模半壊」以上）。結果に不満があっても、再調査を希望する被災者に対して自治体職員は再調査によって点数が下がることがあると伝えているため、被災者は再調査の依頼をためらう。このことが熊本豪雨において2次調査を求めた被災者の割合が熊本地震と比べて著しく低いことに関連している可能性がある（熊本日日新聞、2020年10月14日、熊本地震の26・7％に対して熊本豪雨は2・5％）。被災家屋の損壊程度調査の制度を被災者が納得できる内容に、自治体職員と被災者の間に対立を生まない仕組みに改善することを政府に求めたい（高林2021）。

もう一つの点は制度の併用についてである。今回から半壊以上の世帯が仮設住宅を利用できるようになり、応急修理との併用も可能になった。だが、実際には、市役所から2020年3月末に仮設住宅の退去を迫られて不安と不満を抱える人たちがいた。確かに原則は半壊世帯の仮設住宅の入居は発災から半年が期限であるが（途中で期限が2020年1月から3月に延長）、熊本県は個別の事情があればその限りではないと説明している。ある世帯は私たちが市議へとつないで継続入居が可能になったが、別の世帯は世帯主が大病を抱えているにもかかわらず、本人の意に反して役所の指示で仮設を退去させられた。しかもこの場合、仮設住宅の代用として空いている市営住宅に避難している方々であった。被災者に寄り添う行政の姿勢とはいえない。

初めての大災害を経験した自治体が災害救助法等の制度の運用に不慣れな面は否めない。短期的には県内外の応援職員のサポートもあるが、長期的には被災自治体の質（被災者に寄り添った対応）が問われる。前述のような場合、被災者支援を続けるボランティアが役所との交渉をサポートし代弁することがある。マスコミ報道も制度とその運用の問題を知らしめる上で重要である。しかし、県外からの専門職ボランティアや災害ＮＰＯ等が入れず、マスコミ取材にも制限がかけられたことによって、生活再建過程でアドボケイトし、制度改善を働きかける重要なアクターを得にくくなった。この領域での災害ボランティアのかかわりは熊本地震でも乏しく、従来から活発であるとは言えないが、県内限定の影響はこの課題を増幅した。制度とその運用の改善を求める力の弱さは、「復興災害」への歯止めを失うことにもつながる。自治体間では県外からも応援職員が速やかに派遣されたように、アドボケイトの視点からも県外の災害ＮＰＯや専門職ボランティアも早期に被災地入りすることが求められる。

4　コロナ禍の災害ボランティアに突きつけられたもの

1　災害ＮＰＯ等の役割の認識の共有を

県内限定によってボランティアの行動に制限がかかり、実際にボランティアは不足した。被災地において県内限定を望む声があったことは承知しているが、被災者に寄り添い支援するボランティアの居住地を、被災者は区別していなかった。必要なことは、ガイドラインによって一律に県内在住者に制限することではなく、被災地に入り被災者の支援をする上でどのような条件が必要なのかを具体的に定め、時間の経過と状況の変化に応じて臨機応変に見直すことである。また、災害ＮＰＯ・ＮＧＯや専門職ボランティアと一般ボランティアとの区別なく、受け入れ対象を一律に線引きすることは避けなければならない（室﨑２０２２：82―85）。

　行政職員の県外からの被災地への派遣と同様に、緊急救援を担う災害ＮＰＯ・ＮＧＯや専門職ボランティア、社協職員は速やかに県境を超えて被災地入りしなければならない。その主な理由は、被災地の被害の実態把握（アセスメント）と支援の量・質の見立てを早期に行うことが不可欠だからである。[8] それは被災者に寄り添う立場で、被災地の自治体・社協・地域住民等とともに、全体の支援の必要量を推測し、ボランティア募集の種類（作業系、保健医療系、生活福祉系、住宅系、一般など）と範囲（地域）、要件（体温・健康チェック、ＰＣＲ検査等）を明確にする作業である。ニーズと支援量の見立てがあってこそ、災害ＶＣの一般ボランティアの受け入れを県内限定にするか、県外にも広げるか、その場合に隣接県に限定するかさらに広域から募集するかなどの判断が可能になる。

　コロナ感染予防の要件は、ボランティア個々人の予防策、つまりマスク・手洗い・検温と「三密」を避ける行動等の徹底である。これをルールとすれば、熊本豪雨のケースでは、（隣県や九州在住の一般ボランティアを受け入れると仮定して）発災から2週間、自らの行動履歴と健康状態の記録を取って健康管理を行えば（2週間分の健康観察票の記入）、最短で7月18日には被災地に入ることができた。さらに簡易PCR検査キットが入手可能となった段階では、健康管理と合わせて検査を行えば、県外から被災地に入るまでの時間を短縮することが可能であった。

2　複線型避難に応じた同時並行の複線型支援

当初から在宅避難が多かったのは避難所でのコロナ感染の不安もあっただろう。その影響の程度は不明だが、自宅2階に避難したり、被災した1階の一部を片付けて避難所から早めに帰宅したりなど、在宅での避難生活を送る人たちが相当な数にのぼった。一般的には緊急援助期、生活復旧期、生活再建期というように時間とともに支援内容が変化するとみられている。しかし、在宅避難については緊急援助期から生活の個別ニーズへの対応（生活復旧）が必要になる。実際に「遊動化」に親和的なボランティアは泥かきや片付けをしながら食や衣服、日用品、家電製品などを提供するなどの同時並行の支援を行っていた。また、近年の災害では、短期的に避難所に避難した後、あるいは避難所を経ずに、みなし仮設に入居する人も増えている。複線型の避難形態が一般化するに伴い、泥出し・片付けと生活支援の同時並行の「複線型支援」の必要性が高まっている。だが現状では自治体も社協も複線型への対応は難しく、行政は罹災証明の発行や避難所運営支援、土砂・廃棄物処理などの業務に追われ、社協は災害VCの運営で手一杯である。地域支え合いセンターは熊本地震では発災から6か月後、熊本豪雨では5か月後の設置であり、今回は在宅避難者を訪問対象とするなど改善されたこともあるが、センターの始動にはかなりの時間を要する。被災者・被災地の現実を前にして、ボランティアは生活支援にも早めに取り組みたい。これは自治体や社協の限界の補充的な役割といえるが、ボランティアゆえにできることである。この点で、一般ボランティアの役割も発災直後から量と質の面において重要となる。

複線型の対応の準備として、まず災害VCを一つの自治体内に複数設置（サテライト等）し、被災者に身近な地域で地域住民及びボランティアが協働で運営することを構想したい。同時に、在宅避難者やみなし仮設の入居者等の生活支援を含む多様なニーズに対応する上で、地域住民や災害NPO、専門職ボランティア、一般ボランティアとの協働が欠かせない。いわば、災害VCと地域支え合いセンターの両機能を備えた支援センターが身近な地域で早期に動き出すイメージである。そのためには、平時から自治会や地区社協などに地域レベルでの「ボランティアセンター」を設置・運営することで、災害時にはこれを応用して地区災害VCを展開することが可能となる。[9] これらの動きを側面的にサポートする自治体や社協等のコーディネーターの役割は、災害VC設置・運営マニュアルだけに頼るのではなく、日頃から自治会や地区社協等の住民による暮らし・地域の課題に根ざした主体的な地域福祉活動・ボランティア活動を育むことである。これは民主的な住民自治・団体自治の自治体づくりそのものでもある。つまり、平時の実践における草の根からの災害対応の「秩序化」であり、その地域内外のアクティブなNPO・ボランティア活動など市民活動・社会活動等の「遊動化」との連携・協働であり、住民・市民の諸活動の「主体化」を育む実践である。

3　ボランティアの役割の共有と文化の醸成

絶望の中にいた被災者の心がボランティアとの交流の中で前向きに変わった様子をたびたび見てきた。全壊判定の自宅を解体して住み慣れた土地を離れようと考えたという方が、泥出しと片付けに汗を流してくれた高校生ボランティアに勇気づけられ、「もう一度この場所で、この家を改修して生活したい」と話された。被災から1年時点で、当初から私たちが支援を続ける被災者の中に、水害後、入浴の際に湯船に浸かれない一人暮らしの高齢者がいた。みなし仮設に入居した単身高齢者は、近くにある公民館の手芸教室に通うようになり、うれしいことに同世代の友人ができた。「友人とのつながりがなければ孤立してしまい、生きられなかった」と語られた。自主的に寄り添うボランティアや友人、近隣の人たちとの交流が心の支えとなっている。

ボランティアは、被災者を一方的に支援しているのでなく、被災者から多くのことを受け取っている。この災害で継続的にボランティア活動に取り組んだ学生は次のように語った。「就職活動ですべてがうまくいかなかったため、自分の良いところが全くないと思い自信を失っていました。ですが支援活動をきっかけに被災地で人から感謝される喜びと私のことをほめてくださる方々のおかげで自信を取り戻せました」。このように被災者とボランティアとの心の通い合う対話・交流がお互いの生きる力になっている。ボランティアが、被災者の傍に寄り添うことで、心の交流が生まれる。そして、お互いのアイデンティティ（生きる拠りどころ）が人間らしいものに、前向きなものに変わっていく。ここに災害ボランティアの大切な役割と可能性がある。

被災者は住宅だけでなくさまざまなものを失う。そのなかに人の生きる拠りどころという意味でのアイデンティティの喪失がある。生きる拠りどころとは、家族、友人、仕事、地域、趣味、信念などであり、人はこれらとの関係の中で自らの存在の居場所を得ている。アイデンティティを失った被災者の苦しみ・悲しみに寄り添うボランティアは、被災者・被災地にとって重要である。学生支援のＣＦはこの大切さの訴えでもある。ボランティアを支援するＣＦは自由で自主的な人間らしい心の交流の文化を醸成する新たなボランティア実践でもある。

とはいえ、このような災害ボランティアを功利主義的に活用することを意図した制度化はできない。ボランティアは自由で自主的な活動であり、社会の公共性を支える市民・住民の主体的な営みである。必要なことは、被災者とボランティアとの心の交流を通じたアイデンティティの回復や再構築という価値を私たちの社会が共有し、これを後押しする仕組みを作ることである。例えば、被災体験者の経験と思いに耳を傾け、これに学ぶことは、ボランティアの役割を知る上での基礎になるだろう。また、ボランティア活動への参加を希望する人たちの被災地までの交通費や備品費、感染症対策費（ＰＣＲ検査キット代等）など活動資金面の支援、２００１年以降に2割以上も減少した市町村社協のボランティア・コーディネーターの配置・育成の抜本的な拡充策なども必要である。[10]

コロナ禍の災害においてもボランティアは、被災者・被災地に寄り添うこと、自由に自発的に参加すること、この2つの原点は変わらない（室﨑、２０２１ｂ）。コロナ感染症予防を理由としたボランティア活動の規制は、この原点の意味や条件をあらためて問い直す機会となった。感染症を警戒する状況であっても「遊動化」の典型である多くの経験を積んでいる災害ＮＰＯや専門職ボランティアは即座に県内外から被災地に入ることが求められる。「秩序化」に親和的なボランティアは２つの原点に立脚する支援活動を通じた被災者との人間らしい対話・交流という面で重要な役割を果たす。そして、被災者・地域住民と災害ＮＰＯ、一般ボランティアの相互の対話・交流と連携を大切にしてこそ、生活再建と地域復興、誰もが安全に安心して暮らせる社会・地域づくりに力を合わせることができるだろう。私たちは、コロナ禍の「秩序化のドライブ」の課題を探りつつ「遊動化のドライブ」の意義を確かめながら、被災者に寄り添う自主的な活動を模索し創造する「主体化のドライブ」への自覚的な対話と挑戦のただなかにいる。

第３節　関係性の断絶から自尊の社会的基礎の保障を

１　主体性の管理、承認の歪み、自尊の毀損

政府や自治体は、避難所・仮設団地の運営において、住民・被災者の主体的な取り組みを推奨している。しかし、主体性が管理・回収されると、主体性は自己責任へとすり替えられる。熊本地震の避難所、熊本豪雨の仮設住宅では、自治体は被災者の自主運営の組織と活動を促し十分にサポートしていなかった。能登半島地震での避難所でも同様であった。未組織のため主体性を発揮することが困難な被災者は、自分自身の身は自分で守るほかなく、厳しい状況にも我慢しながら困難さを

乗り越えようとしている。そこでは被災者の生活や関係性は行政によって管理され、被災者に自助努力と自己責任が強いられる。そのなかで、持病悪化や病気発症によって亡くなる人たちもいる。

被災者の生命と人権を守るための能う限りの努力をするなら、被災者・住民と行政、公私の機関・施設、市民団体・ボランティア等が相互に協力し合う必要がある。それには、実際の活動を通して信頼を深めながら、被災者・住民を中心に互いの主体性を最大限に高めるべきである。相互承認にもとづく主体性の尊重とサポートこそ、主体性の回収と管理による自己責任の強化を乗り越える条件である。

承認の構造を踏まえれば、相互承認の欠如は自尊の毀損をもたらす。人の自尊心は身近な人や他者に承認される経験のなかで育まれる。自尊の毀損は、自己肯定感の抑制とともに、自分自身の目指すものが試みるに値するだけの価値があるという気持ちを失わせてしまう。社会的な理想状態を目指して、他者と相互に協力してこれを実現しようという意欲も試みも萎えさせる。相互承認と自尊の社会的基礎として、関係的存在としての人間、すなわち被災者・住民にとって必要な社会関係を維持し、創り、支えることが今日の社会では大切にされていない。平時における、そして被災後における、関係性の断絶は、相互承認と自尊の社会的基礎を壊すとともに、主体性を高め合う協力・協働を困難にさせ、管理による主体性の回収／自己責任へのすり替えを引き起こす。

2　災害時の承認の秩序、規範的要求の水準

特定の歴史・社会の人々の関係を制度化された承認の秩序（ホネット２０１４）とみれば、災害時の関係性の断絶は、人々の今日の規範的要求の承認水準を表している。もちろん承認をめぐる闘争、すなわち災害対策をめぐる運動によって制度（承認水準）は少しずつ改善されてきた。にもかかわらず、前述のような、生存水準を下回るような避難環境、避難所や仮設住宅における自治運営支援の欠如、制度からの選別的な排除、復旧（自宅改修・事業所再建）後の立ち退き／コミュニティのつながりの切断などが実際に起こっている。

内閣府の「避難所運営ガイドライン」には「ペット同伴避難のルールづくり」の項目があり、「避難所のペット対策については、事前にペット同伴避難のルールを決めておくことが重要です。飼い主が責任をもって避難所でペットを飼育するための居場所の確保や、ゲージ等を用意する等、具体的な対応を検討しましょう」と示している[11]。ペット同伴避難の実現には、共同生活への配慮をしつつ、避難所での居場所の確保が必要である。熊本地震で避難所運営に携わった私の経験から言えば、ペット同伴の避難者の避難場所（教室）をつくることができた。体育館だけではなく、小学校の多くの教室を避難者に開放したからである。ペット同伴避難は、共同生活のルールづくりも必要だが、まずはペット同伴避難への具体的な配慮と準備が不可欠である。そして、避難者による運営組織をつくれば、具体的なルールはそこで協議した上で調整することができる。食事についても、災害救助法において、炊き出しは、１人１日当たり１３３０円以内（２０２４年12月現在）の費用保障を

行い、多様なメニュー、栄養バランス、質などに配慮することが求められている。50人の避難所であれば、避難者や住民、ボランティアが協力し合って、キッチンさえ確保すれば1日6万円ほどの食材等を使って調理し、温かい食事を用意することが可能となる。

災害救助法の5つの原則に、平等の原則（現に救助を要する被災者に対しては、事情の如何を問わず、また経済的な要件を問わずに、等しく救助の手を差しのべなければならない）、必要即応の原則（画一的、機械的な救助を行うのではなく、個々の被災者ごとに、どのような救助がどの程度必要なのかを判断して救助を行い、必要を超えて救助を行う必要はない）、現物給付の原則（法による救助は確実に行われるべきであり、物資や食事、住まい等についての法による救助は、現物をもって行うことを原則としている）、職権救助の原則（応急救助の性質からして被災者の申請を待つことなく、都道府県知事がその職権によって救助を実施する）などがある（もう一つは現在地救助の原則）。これらの原則は法が実現すべき規範水準の表現であり、被災者の立場で実施主体が裁量を行使する際の拠りどころでもある。そもそもペット同伴では避難ができなかったり、食事内容が合わず2か月の避難生活で10キロ痩せたりという現状は災害救助法が原則通りに機能しているとはいえない。法や原則が形式レベルにとどまっているために、モノ・ヒト・カネの資源の問題に加えて、運営・運用における多様な関係性をめぐる問題（関係性の断絶）を引き起こしている。

ボランティアに関しても、その善意と行動が管理されて、被災者とボランティア、ボランティア同士の関係性の断絶が起こっている。協力や助け合いが可能な条件があるにもかかわらず、それを抑制するような現状について、多くの人たちが不思議に思うだろう。地域共生社会を謳い、住民の助けあいを推奨している政府にとっても、それは本意ではないはずである。そもそも法に縛られる存在ではなく、先進的・先駆的な価値や規範に基づいて動くボランティアへの制約が大きくなっていることについて、私たちは社会的・構造的な問題と同時に関係的存在である人間の課題として問わなければならない。

3　自尊の社会的基礎である雇用・労働条件と社会制度

関係性の断絶の原因を関係的存在である人間の課題としてみるとき、自尊や他者尊重といった意識だけ取り上げるのではなく、それらの社会的基礎との関連において把握する必要がある。社会的・構造的問題は私たちの意識や行動に深く関係している。

現在の日本社会は生産手段から切り離されている（を持たない）雇用労働者が働く人たちの9割を占める（労働力調査2023）。日本の雇用・労働条件は長らく二重構造を抱えており、さらに過去30年間に非正規労働者・ワーキングプアを大量に生み出してきた。先進国のなかで労働時間は長く、平均賃金は低下し男女格差もなおも大きい。相対的貧困率の高さもトップクラスである。競争的で厳しい労働条件・環境はハラスメント・人間関係悪化の温床となり、関係的存在である人間の自尊とその基礎に影響を与えている。職場での承認を得るには、権力をもつ者（上司）からの一方的で特殊な価値・規範さえも受け入れざるを得ないような状況がある。大企業や政府の内部においては上に立つ者の特殊な規範にもとづく一方的な承認が横行し、管理職や官僚、議員の犯罪（不正・違法等）が継起的に発生する。まともな雇用・労働条件の欠如は働く人たちと家族の経済的基盤を不安定にさせ、労働の場における対話的・協働的関係との断絶は相互承認の不全と自尊の毀損をもたらす。社会階層によって現れ方に違いはあるが、雇用・労働条件とその社会的な決定条件（産業関係・労使関係）が働く人たちの行動と思考、アイデンティティに影響している（自治体職員は争議権を奪われており、労働基本権との関係が断絶されている）。まともな雇用・労働条件とその社会的決定条件の確立は関係的存在である人間のつながり・関係性を築く基本的かつ重要な課題である。

社会制度も自尊と他者尊重の社会的基礎として重要な役割をもつ。住宅、教育、医療、社会福祉等の生活にかかわる主要な制度は、税・事業主負担・被用者負担などを財源に、公共一般施策、社会保険、社会手当、措置・公的扶助等の方法で提供される。その内容と水準は、産業関係と社会保障運動、民主主義の手続き的過程、公務・公共の従事者の労働条件等に左右される。福祉国家の社会制度の特徴を普遍主義・選別主義によってみる場合、社会の相互信頼を促進するのは普遍主義である。中間層までの社会権を広く保障する普遍主義制度は、国民の自尊と他者尊重を支え、不信や分断ではなく人々の間の連帯を促進する。日本の社会制度は選別主義の特徴が強く、中間層の負担は大きく給付は限定的である（高林２０２４）。貧困・低所得層にとっての保険料や税などの負担も家計圧迫と利用抑制の原因となり、制度の利用要件も選別的である。第４章でみたように医療保険制度はその典型である。災害時においても、被害認識を住家損壊の枠に限定し、生活再建支援金や医療費の免除措置等の対象を選別し制限している。選別主義制度は人々と制度との関係性の断絶を引き起こす。制度からの排除（行政との手続き上のトラブル等を含む）は自尊の毀損につながる。このような制度は相互承認も自尊・他者尊重も促進しない。

関係性の断絶は単に人間関係の問題でない。それは関係的存在である人間にとっての自尊・他者尊重の社会的基礎に深く根ざしており、その基盤に雇用・労働条件と社会制度がある。中長期的な社会のあり方にかかわる制度設計の課題の一つは、関係性の断絶から関係性の促進あるいは保障に寄与する制度への転換である。

4 対話・協力の社会的構造と政策的意図

平時・災害時の関係性の断絶に対して、長期的な改革の展望を持ちつつ、現在の問題にいかに対処するべきか。平たく言えば、現場あるいは地域において、お互いにつながり、くらしと健康を支える対話・協力をつくり、これを社会改革（雇用の安定と普遍主義の社会制度への転換）の原動力（バネ）とすることである。私はこれを対話・交流の条件としての制度による関係保障と呼ぶ。具体的には、災害時には、避難所において被災者主体の自主運営を促進し、在宅避難（者）・建設型仮設・みなし仮設及び災害公営住宅の相談支援・交流支援を通して被災者・住民主体の生活再建・地域復興などをエンパワーする制度・実践である。平時には、防災を含めた住民相互の対話・交流、その基礎になる住民主体の地域活動・地域福祉活動（政策決定過程への当事者・住民参加も含む）などを促進する制度・実践といえる。この住民相互の交流の基礎には、重要な条件として、前述のまともな雇用・労働条件と普遍主義の社会保障が必要である。くらしの基盤が不安定で、所得・医療等の保障が選別主義的で低水準であれば、生活の中身は安定せず、趣味や学習活動・地域活動等の時間を確保することも困難となる。そのため、他者との交流や自治体等への参加を通じた信頼関係の形成は難しい。その意味で、これらは暮らしの基盤から関係保障を支える重要な条件である。しかも、雇用や社会保障の制度は、その設計と運用を通して、人々の連帯（相互の信頼と協力）を積極的に促進することができる（高林２０２４）。このイメージは、関係保障という対話・協力の条件整備を国民の権利として位置づけるとともに、社会的な実践を通して雇用の安定と普遍主義制度への民主的な転換を促すというものである。

他方、政府も人のつながりに強い関心を持っている。国は孤独・孤立対策推進法（２０２４年４月１日施行）によって、地域におけるつながりをつくる対策に踏み出している。同法は、社会のあらゆる分野において孤独・孤立対策の推進を図っていくとして、孤独・孤立を次のように捉えている。「孤独・孤立は、当事者個人の問題ではなく、社会環境の変化により当事者が孤独・孤立を感じざるを得ない状況に至ったもの。孤独・孤立は当事者の自助努力に委ねられるべき問題ではなく、現に当事者が悩みを家族や知人に相談できない場合があることも踏まえると、孤独・孤立は社会全体で対応しなければならない問題である」という。その対応として、当事者や家族等が信頼できる誰かと対等につながっているという形で人と人との「つながり」を実感できることが重要として、相談支援や協議の促進（孤独・孤立対策官民連携プラットフォームの設置）などをあげている。地方版孤独・孤立対策官民連携プラットフォームは、広く地域の関係者が参画して、住民や関係団体への普及啓発や地域における各種の「居場所」づくりを実施するほか、関係者間のネットワークづくりなどを行うこととして、全国の自治体で展開しているモデル事業を紹介している。しかし、孤独・孤立は「居場所」づくりや連携のみによって何とかできる問題ではない。それは関係性の断絶による一つの結果である。本書の関係保障の社会的構造に照らせば、政府の孤独・孤立の認識とそれにもとづく対策は、雇用・労働条件や社会制度のあり方との関連性、問題に関する国の責任を等閑視している。私たちは、関係性の断絶を社会的かつ構造的に把握し、その対応を体系的に組み立てる必要がある。また、地域活動・地域福祉活動が「つながり」「居場所」づくりのための政策として、これまで以上に管理されようとしていることから、現在の国の政策との対抗軸を明確にしておかなければならない。

5　地域活動・ボランティア活動の管理と権利としての関係保障との違い

地域活動・地域福祉活動は長い歴史と多様な性格をもつ。それは、住民の近隣・集落での助け合いから自治会・町内会活動、福祉活動、社会運動、ボランティア活動、協同組合など幅広い。これらは自主的な活動でありながら、同時に国家による介入と管理の対象でもある。歴史をみれば、米騒動後に地域に方面委員が設けられたのは治安対策の一環であった。関東大震災後に設立された東大セツルメントは1928年から国家による弾圧の対象となり1938年には閉鎖を余儀なくされた。戦時下、内務省による町内会・部落会の下位組織である隣組の組織化は、国家による国民統制の一手段となった。高度経済成長期には、地域活動は衛生・教育・福祉等の要求に根ざした社会運動として広がる一方で、国のコミュニティ政策の対象に組み込まれた。1980年代半ばに萌芽したボランティア政策（ボラントピア事業）は、1990年代にふれあいのまちづくり事業や特定非営利活動促進法などによって推進された。2000年代には介護保険法実施や社会福祉法制定によって、地域福祉活動が介護予防施策の一環に位置づけられるようになった。介護予防サービスの一部に取り込まれた地域福祉活動は、公的責任を転嫁させられ、住民主体の原則と意義を削がれてきた（高林2001）。災害ボランティアの「秩序化ドライブ」が強まったのもこの時期である。2024年の地方自治法改正はこの流れに棹さすもので、地方自治体に対する国の指示権を強化するとともに、自治体が「特定地域共同活動」を条例で定め、これを担う団体を支援できるようにした。地域の多様な主体の連携及び協働を推進するためとするが、行政による地域活動・地域福祉活動を担う団体の選別と管理が強化される懸念がある。

それに対して本書の提起する関係保障は、暮らし・健康とともに自尊の基礎である心の通い合う相互承認を支える関係・つながりの条件を整備することによって、これを権利として保障するとともに、これらの基盤であるまともな雇用・労働条件の確立、普遍主義の社会制度を実現することである。それゆえ、関係・つながりを生みだす地域活動・地域福祉活動は、治安対策や地域管理策、公的責任転嫁の手段ではなく、私たちがお互いに人間らしく生きる条件を創造する多様な主体の協働と連帯である。平時の地域活動・地域福祉活動と同様に、災害ボランティアも管理化のドライブが強まっている。災害支援団体（プロボノ）を除けば、被災地で自主的に活動しているボランティア団体は必ずしも自治体や社会福祉協議会の連携対象となっていない。能登半島地震では、ボランティアはインターネットによる県への登録者だけが公認された（活動場所や資機材、交通手段、宿泊場所などのサポートは登録活動者のみに限定）。ボランティアセンター（社協運営）にかかわるボランティア団体・NPO等は、被災者の支援を通じて気づいている生活再建に関する制度や行政の問題を積極的に提起することは乏しい。それは被災者と支援者の間の社会的・政治的な関係性の断絶とみるべきである。また、建設型仮設では行政や社会福祉協議会、NPO等による自治会づくりのサポートがほとんどなく集会所の活用の支援も不十分である。みなし仮設には地域支え合いセンターが戸別訪問をするが、地元への転居支援（みなし仮設間の移動希望者のサポート等）や被災者同士の交流の場をつくる支援は十分とはいえない。熊本豪雨の経験では、ボランティア団体・NPO等がこのような問題に気づいても国や県・市町村に対して積極的に課題を提起することはなかった。関係保障の観点に立てば、被災者の仕事・生活・健康・地域等の実態と課題を中心に、それぞれの立場を超えて協力・協働する方法を模索することが必要である。政府・自治体は地域管理・ボランティア管理ではなく、被災者を中心とした権利としての関係保障の条件整備を積極的に行わなければならない。ボランティア団体・NPO等は行政の管理下に収まるのではなく、行政と対等で批判的かつ協力的な関係を構築したい。被災者中心の、被災者の（との）関係性を紡ぐことができる災害支援へのドライブが求められている。

注

1　本章第1節で用いる事例は、熊本地震と熊本豪雨、能登半島地震の被災者からの聴き取りに基づいている。熊本豪雨の被災者の事例は、２０２２年6月13日と6月27日の２日間、被災地の仮設住宅団地や被災者の自宅において、熊本学園大学地域福祉（高林）ゼミの４年生と大学院生がインタビューした。９人のインタビュー協力者のほとんどは、２０２０年7月の豪雨災害から熊本学園大学社福災害学生ボランティアグループが継続的に支援させていただいてきた方々である。聴き取りの目的や方法を説明した上で承諾を得て聴き取りを行い、録音した音声はすべて文字に起こした。プライバシー保護に配慮し、各人に了解を取って報告書（高林編２０２３）に掲載した。

2　熊本県内の被害は35市町村に及び、罹災証明書の交付は26市町村の７８３２件である。熊本県危機管理防災課「令和2年7月豪雨に関する被害状況について」２０２１年6月3日。

3　ガイドラインには３つの基本方針が示され、その一つが「支援は、被災した地域内での対応を中心に考え、原則として外部からの人的支援は遠隔での対応が主体となる」である。

4　熊本県内で活動中の県外団体は豪雨発災５か月後の12月半ば時点で、OPEN JAPAN、コミサポひろしま等の６団体であった（火の国会議議事録）。これは、熊本地震から５か月後、県内で活動中の県外団体76（http://jvoad.jp/wp-content/uploads/2016/09/0bf15fc9282186090c61ebb7028cf587.pdf、JVOAD 調べ、２０１６年９月29日）の７・９％である。

5　人吉市の建設型仮設団地には自治会組織はなく団地ごとに４名程の「運営委員」（集会所の管理等を担当）がいる。

6　ＣＦサイト上は２０２０年９月30日に６８６万９８５５円を達成（https://camp-fire.jp/projects/view/316571#main）。

7　生活支援やコミュニティ支援に携わる被災地内外のボランティア（８団体）と人吉市内の校区社協、人吉市地域支え合いセンター、行政の情報共有と連携のための会議である。

8　災害ＮＧＯ結、代表・前原土武氏から２０２１年６月４日に電話でのヒアリング。

9　広島市の地区社協では平時のボランティアバンク（ＶＢ）の実践の積み重ね、過去の災害経験をベースに、平成30年７月、豪雨災害において安佐北区の５地区で住民が自主的に運営する災害ＶＣを設置した。広島市社会福祉協議会『平成30年７月豪雨災害広島市・区社会福祉協議会活動記録～地域の自主的な活動の支援に向けて～』２０２０年を参照。

10　市町村社協のボランティアコーディネーターは２００１年の３２２１人（うち常勤専任８８０人）から２０１６年に２５２０人（同３７４人）へと大きく減少した。総数はマイナス22ポイント、常勤専任はマイナス57ポイントである。出所はそれぞれ全社協（２００３）『２００２年ボランティア活動年報―２００１年度実績』、全社協（２０２０）『社会福祉協議会活動実態調査等報告書２０１８』より。

11　これに加えて「ペットは飼い主にとってはとても大切な存在ですが、動物が苦手な人や動物に対してアレルギーを持っている人が共同生活を送る避難所では、ペットの鳴き声や毛の飛散、臭い等への配慮が必要です」とある（「避難所運営ガイドライン」平成28年４月、内閣府［防災担当］46、47頁）。

第6章　災害時代を生きる条件――関係保障・普遍主義・ケア実践

第1節　権利としての関係保障の条件整備を

1　対話と交流が暮らしと健康を守る

能登半島地震と奥能登豪雨の避難環境は極めて過酷である。その結果、多くの関連死や避難環境由来の疾患が発生している。それでも避難所や地域をみると、被災者がお互いに気づかい、助け合っていた。輪島市中心部にある避難所には自治運営組織はなかったが、避難者がおしゃべりや話し合いを大切にするとともに、自主的に清掃等の環境整備をするなど、平穏な避難環境をつくろうと努めていた。漁村地域では地域全体が協力しあっていた。当初、孤立集落となった珠洲市馬緤《まつなぎ》では、避難所の避難者だけではなく在宅避難の人たちにも、避難所にて自分たちで作った食事やボランティアの炊き出しを配布していた。私たちが炊き出しを行った際にも、住民の明るい表情を見て、集落の助け合いの力を感じた。

熊本地震の際も、避難者主体の、住民自治の避難所運営が、避難環境を改善し、避難者が少しずつ復旧や生活再建に向かう気持ちを支えていた。行政等が管理・運営する避難所では避難者相互や避難者と行政職員等との摩擦やトラブルがたびたび起こった[1]。避難者を主体とする避難所運営組織とその活動を通じた、避難者と地域住民、教員、行政職員、ボランティア等の協力関係の有無が避難環境を左右していた。それは仮設住宅でも同様であった。自治会が組織された仮設団地では、団地内の集会所を活用した日常的な交流があり、ボランティアによるイベント等もあって、住民同士が暮らしと健康を支え合っていた。他方、みなし仮設では被災者のつながりや交流の場がほとんどなく、孤独感を訴えたり孤立したりしている人たちが多かった。せめてもの対応として、多くのボランティア団体と益城町地域支え合いセンター（よか隊ネット、のちにminori）が協力して、年に3回ほど小学校を借りて、「みなし仮設の交流会」を開いた（高林2019）。2020年7月のコロナ禍の熊本豪雨で被災した人吉市では、13か所の仮設団地に一つも自治会が作られなかった。熊本地震の仮設団地のなかで自治会を中心に集会所を使って活発に交流していた仮設団地と比べると、人吉市内の仮設団地はとても静かだった（地域支え合いセンターによる交流会や相談会などは各仮設で月2回行われていた）。

熊本地震の際、仮設団地の自治会づくりを支援した自治体もあれば、そうではない自治体もあった。熊本豪雨の際、人吉市では自治会づくりの支援にも、集会所を活用した交流づくりにも行政の積極的な姿勢がみられなかった。能登半島地震でも、一部の自治体を除けば、自治体が避難所の自主運営組織や仮設住宅の自治会をつくることを支援した、または支援しているとはほとんど聞かない（とくに輪島市では自治会がない仮設団地が多い、2024年12月現在）。過去の教訓から、被災者同士の対話・協力、専門職やボランティアとの交流がいかに被災者の心身の健康を支えるかは議論の余地がないように思うが、自治体は対話・交流の条件整備（集会所設置・活用、自治会づくり、住民主体の活動の支援等）に必ずしも積極的ではない。

世界保健機関（WHO）は、健康とは身体的にも、精神的にも、社会的にも良好な状態という（WHO憲章、1948年発効）。社会的に良好な状態、すなわち社会的健康に深く関係する人と人との対話・交流は、精神的健康と身体的交流を支える条件である。一人暮らしと二人暮らしの合計が世帯全体の6割を占め、都市でも農村でも日常的な人との交流が乏しくなっている今日の社会では、人と会って話したり交流したりする社会的条件がなければ誰もが孤立するリスクを抱える。今日、人と会えておしゃべりや交流ができる場の条件整備、すなわち地域にいつでも気軽に寄ることができる場所や地域活動・文化活動等ができる拠点をつくること、そこに相談員やボランティアを配置することなどは、人が生きるための基本財として、他者とつながることができる権利にかかわるものであり、公的に保障すべきものとして承認されてよい。

政府も、前述のように、孤独・孤立対策推進法によって「居場所づくり」や連携を推進している。多様な主体の連携は課題に対応する上で確かに重要な取り組みである。しかし、災害時の在宅や車中泊の避難者、避難所の避難者などの支援において、建設型仮設やみなし仮設の入居者の支援において、実質的な連携がどれだけ図られてきただろうか。行政と社会福祉協議会、地域支え合いセンターの受託団体や災害ボランティアセンターの協力団体（一部のプロボノ）などは連携している。あるいはボランティアやボランティア団体、ＮＰＯが集まる場はある。しかし、これらを含め、被災当事者、自治会役員、民生委員・児童委員、地域住民、医療・福祉機関等の異なる立場・主体が相互に連携する場はない、または乏しい。多様な主体の連携は、個別の相談支援や居場所づくりにおける意義にとどまらず、制度とその運営において何が不足しているのか、何を改善・拡充すれば良いのかを共有し、その改善を基礎自治体から都道府県や国に働きかける上でも重要である。このような対話・交流と連携がこれからの私たちの生きる条件づくりの要《かなめ》となる。

2　相互承認と自尊他尊は異なる立場を超えてつながる力／連帯の土台

対話・交流が被災者の暮らしと健康に大きな意味をもつことを踏まえれば、その条件整備をいかに実行に移すか、どのように運営するかが重要となる。避難所運営を住民主体で自治的に運営することの大切さを記したマニュアルがあるにもかかわらず、行政等は避難所運営委員会をつくることを避難者に提案しないことが多い。そうせずに委員会が作られなかったとしても法律に違反するわけではない。同じことは、仮設団地の自治会づくりの支援を行わず、仮設の集会所がほとんど活用されない場合にもいえる（行政主催の体操等の利用に限るならば十分な活用とはいえない）。当事者が置かれた状況、その心の内側に思いを寄せ、想像してみれば、対話・交流の条件整備がいかに重要かを理解できるだろう。被災者が求めることを実行するには、行政や社会福祉協議会等の内部での協議や調整、避難者や仮設の住民、ボランティアなどとの話し合いや関係形成が必要である。自らの行動を他者の役に立つ方向に計画を立て、それを実現するために関係する人たちの協力を得ながら進めるには、自らの計画が価値のあるものであるという信念と計画の実現に他者の協力を得られるという、自尊と他者への信頼が支えとなる。他者への配慮、ケアの価値を実現するには、私たちの内面の自尊と他者尊重が鍵を握っている。

避難所を行政が管理的に運営しようが、仮設住宅に自治会がないまま行政主導で集会所を利用しようが、形だけをみれば、行政にとっては何ら問題ないかもしれない。しかし、それでは被災者にとっては関係性の断絶をもたらす。私たちには関係性を創造する営みが必要である。過去のいくつもの災害の教訓を踏まえ、被災者・住民が何を望み、何を求めているかに耳を傾けることで、制度（社会資源）をどのように活用・運用すればよいのかがみえてくるはずである。重要なのは、制度の形式ではなく、その目的と方法・プロセスである。

しかし、行政で働く人たちが、多様な主体・立場の違う他者と目的を共有し合意を得ながら、ケアや自治という価値を実現していく上で土台となる、自尊と他者尊重は一朝一夕に得られるものではない。私たちの社会では、能力主義の競争と新自由主義的な自己責任の観念、根深い家父長制規範のもとで、子ども・青年の自尊心が乏しい（内閣府２０１９）。この原因と責任は子どもたちではなく社会の側にある。そして、自尊心が育たない内面では、自己防衛の手段として権力への従順が強まる（グリューン２００１、２００５、２０１６）。家父長制や競争主義等の支配的規範のもとでは、人間らしい内なる声、「抵抗の声」を抑えて、親や教師、行政、政治家などの「権威」に従うことが自分を守る術となるからである。これは私たち大人の内面と行動でもある。私たちは自らを生き生きと生きようとする内なる声をもとに、人との関係性や暮らし、地域、自治体、政治・経済を創造することができるだろうか。行政に限らず、それぞれの組織のなかで、自尊と他者尊重を基礎に、他者を配慮するケアの価値を実現する方向に、私たち一人ひとりが、そしてともに、対話と協力を重ねる経験を積み重ねていくことが必要である。その営みの可能性は、自尊と他者尊重の社会的基礎とともに、前述のような社会的・構造的な基盤（雇用、社会保障、民主主義）と深く関係している。

第２節　社会政策・社会保障を普遍主義に

１　社会政策の普遍主義

日本の社会政策は選別主義の傾向が強い。選別主義の制度の特徴は、制度の対象者が狭く限定的であり、所得制限やミーンズテスト（資産調査）を伴うなど利用条件が厳しく、給付水準は最低限である（表６－１）。そのため選別主義制度は、制度とその運営組織への不信感を市民に与え、住民

表6－1　選別的福祉政策および普遍的福祉政策

要素	選別主義	普遍主義
給付とサービスによる対象の人口比	少数者	多数者
施策の運営の主なタイプ	ミーンズテスト	普遍的
扶助へのニーズを防ぐための施策の役割	なし	重要
給付レベル	最低限	適切
公的給付とサービスの範囲	制限的	拡張的
民間組織の重要性	大きい	小さい

原注：Sainsbury (1991), p.4; cf. Korpi (1980), p.303.
出所：Bo Rothstein (1998) p.146 Table 6.1 一部省略。

間での信頼関係にもネガティブな影響を与えるとされる（Rothstein 1998: 138f.）。

一方で、普遍主義制度の特徴は、普遍的な社会的権利の原理を基盤として、その対象が広く利用条件に所得制限やミーンズテストを設けず、ほとんどの施策が無料または低額で利用できて給付は最低限ではなく最適な水準に設定されている。この場合、貧困に陥らないための積極的な雇用政策が社会保障の前提となっている（表6－1の「扶助へのニーズを防ぐための施策の役割」）。しかし、すべての政策が一貫した普遍主義ではない。公的扶助（生活保護）には所得調査または資産調査を伴うことがある。普遍主義制度は低所得層から中間層を含む幅広い階層を対象に適切な水準の給付・サービスを提供するものと理解すべきである。その結果、階層間格差の拡大を防ぎ、貧困率を相対的に低く抑え得る。

ロススタインはこのような普遍主義の制度と公正な政治が福祉国家への支持と相互信頼を促進すると論じる（Rothstein 2011）。確かに、スウェーデン国民の政府と国会に対する信頼度は相対的に高い。制度の中でも高い支持を得ているものは、対象者が広く無料か低額で

表6－2　世界価値調査によるの国民相互および政府等への信頼の程度（%）

スウェーデン

調査項目／調査年	1981	1996	1999	2006	2011	2017
人はだいたいにおいて信頼できる	52.5	56.6	63.7	65.2	60.1	62.8
政府を信頼している	—	41.4	—	42.0	59.9	50.7
国会を信頼している	44.0	43.5	50.2	55.0	59.3	63.3
行政を信頼している	40.3	41.4	45.2	56.6	59.3	62.9
大企業を信頼している	36.6	60.8	—	49.5	51.2	53.7
民主的な政権を好ましいと思う	—	92.8	95.2	97.0	93.1	96.4
回答者	954	1,009	1,014	1,003	1,206	1,198

日本

調査項目／調査年	1981	1995	2000	2005	2010	2019
人はだいたいにおいて信頼できる	37.4	39.8	39.6	36.6	35.9	33.7
政府を信頼している		30.0	25.4	29.1	24.3	39.9
国会を信頼している	27.8	23.2	19.7	21.4	19.8	31.1
行政を信頼している	30.0	35.0	29.4	30.2	31.8	44.6
大企業を信頼している	23.9	32.2	25.3	36.2	43.4	47.4
民主的な政権を好ましいと思う		78.9	79.9	77.8	72.0	80.7
回答者	1,204	1,054	1,362	1,096	2,443	1,353

注：信頼するは「非常に信頼する」と「やや信頼する」の合計。
　　好ましいと思うは「非常に好ましい」と「やや好ましい」の合計。
出所：WVS（http://www.worldvaluessurvey.org/WVSContents.jsp）より筆者作成。

提供されている医療や教育等である（Rothstein 1998: Chap.6, 163f.）。

普遍主義制度のもう一つの効果は他者への信頼を促進することである。世界価値調査（WVS: World Values Survey）の「他者への信頼度」に関する結果によれば、スウェーデンの他者の信頼度は1980年代から2000年代にかけて高まり、現在も60%以上を保っている（表6－2）。人が他者と相互に連帯しようとする意識は、他者（企業や政府を含む）がどのように考えて行動するかという人々の認識に影響を受ける。つまり、他者とはどの範囲の人たちで、その人たちがお互いに協力しようとしているのか否か、という予測や期待を含む認識に左右される（Rothstein 1998a: 126f.）。国民が相互に信頼できる社会とは、人々が互いに協力し合えるという予測を持つことが可能な社会ということもできる[2]。

2　災害時代こそ普遍主義を

普遍主義制度が広く国民の生活を保障し、他者への信頼を促進するのであれば、それは平時にも非常時にも、国民の生活と健康にとってより適合的ではないだろうか。

日本の医療保険制度は、第4章で述べたように、被災した場合、半壊以上の住家損壊の世帯の窓口負担等が免除される。免除の対象も期間も限定された、まさに選別主義の制度である。医療保険は平時から保険料が家計の大きな負担となっており、窓口負担の重さゆえに受診抑制も起こっている。予防としての保健制度の拡充とともに、安心して受診できる医療保険へと転換することが、平時にも災害時にも国民の生活と健康に必要である。これらの点は、介護保険制度においても課題である。

住宅については、２０２３年の住宅に占める公営住宅の割合はわずか３・２％である。同年の都市再生機構（ＵＲ）・公社の借家の１・３％と合わせても４・５％にすぎない。この割合は１９９３年のそれぞれ５・０％、２・１％から減少している。一方、民間借家は１９９３年から２０２３年にかけて26・4％から28・2％に増えている（住宅・土地統計調査２０２３）。住宅面積に関して、住生活基本法に基づく住生活基本計画に示されている最低居住面積水準（世帯人数に応じて、健康で文化的な住生活の基礎として必要不可欠な住宅の面積に関する水準）の未達成世帯の割合は、全体の6・6％を占める（住宅・土地統計調査2018）。なかでも借家平均が16・7％、特に民間借家は18・5％と高率である。住宅の公共的供給の水準が低く、最低居住面積水準未満の住宅が少なからず存在している。借家に住んでいる世帯を年間収入階級別にみると、300万円未満と300〜500万円未満が、それぞれ17・6％と16・9％と平均値を上回っている（総務省2019）。

避難所の過酷な環境、仮設住宅の水準の低さの背景には、このような平時の住生活の環境の問題がある。しかも、日本には、企業の福利厚生としての住宅手当はあっても、社会政策として広く国民を対象とする住宅手当（家賃補助）制度がない。確かに、2015年の生活困窮者自立支援法の住居確保給付金、2017年の住宅確保要配慮者に対する賃貸住宅の供給の促進に関する法律（住宅セーフティネット法）の家賃補助などはあるが、対象が狭く低所得層に限定されている。これらは選別主義の特徴である。広く国民を対象とする住宅手当制度を創設すれば、国民の住生活の安定が図られるとともに、災害後にも活用することが可能となる。例えば、みなし仮設から退去して賃貸住宅に入居した場合、建設型仮設が公営住宅に転用された場合など、住宅手当によって家賃軽減を行うことができる。住宅ローンを支払っている世帯も住宅手当の対象とすれば、災害後に住宅ローンを組む世帯も補助を受けられる（宮本2022）。公営住宅の供給拡大や入居条件（所得要件）の緩和を含め、広く国民を対象とする普遍主義の住宅政策を整備することで、災害後の住宅再建にも資することができる。

日本の医療保険と住宅政策が普遍主義の内容・水準を備えていれば、罹災証明書の住家損壊程度の判定は相対化される。一定の基準以上の住家損壊判定を受けた被災者世帯以外にとっても、充実した制度は平時だけでなく災害後にも支えになる。災害対策の拡充とともに、平時の社会政策・社会保障・社会福祉の改善が被災者を支えるという考え方が必要である。

3 選別主義傾向が強い「受け皿」制度の改善は基本的対策の拡充運動と一体的に

社会福祉は制度の上で最終的な位置にある（三塚1997）。言い換えれば、制度の上で社会的に最終的な位置にある社会福祉が受け止めなければ他に対応する制度はない。その典型が生活保護である。日本の生活保護は利用条件の厳しさが際立っている。所得調査だけでなく資産調査もあり、3親等までの親族への扶養照会さえある。受給者は高齢者と障害者が中心であり、稼働世帯は一部である。そのためすべての保護費の約5割を医療扶助が占めているように、高齢や障害、病気ために働けない状態になってようやく受給に至る人が多い。言い換えれば、困窮状態にあっても働ける状態にあると判断されれば受給が難しいのである。この点は軽度障害者の多くを排除している日本の障害年金制度と共通している。

このように社会福祉制度の選別主義傾向が強い場合、社会福祉制度のなかでも最終的な位置にある生活保護からも多くの人たちが排除されてしまう。確かに社会福祉は制度上の最終的な位置づけゆえに、何らの制限なしに受給できるわけではない。そうであっても著しく制限が厳しいのが日本の制度である（日本の生活保護の捕捉率は2割程度と極めて低い）。

日本の基本的な対策も選別主義が強く、住宅や医療、年金等の基本的な制度から漏れる人たちが大量に存在している。その上に、社会福祉制度における最終的対策である生活保護もその一部にしか対応しないという二重の選別が起こっている。そのため社会福祉が国民の生活実態に対して機能するには、2つの条件が必要となる。一つは、基本的な対策（雇用、住宅、教育、保健医療、年金等）が幅広い対象に適切な水準の給付をしていること（普遍主義またはそれに近いこと）。もう一つは、社会福祉の対象（社会福祉を必要としている人たち）を幅広く受け止めることである。すなわち基本的な対策を普遍主義に近づけること、社会福祉の選別主義を弱くすることである。

他方、現在の被災者生活再建支援法は所得制限も資産制限もない点では普遍主義の性格をもつ[3]。しかし、制度の利用要件が住家損壊程度の調査結果にもとづくために、制度の前段階でふるいわけが行われる。被災者にとっての被害とは住宅に限らず、生活再建は住宅再建とイコールではない。住宅被害だけしかみない被災判定によって、生活再建支援法はその入口において選別主義なのである。本来、何をもって被害と判定するかについては、仕事、健康、家財、生活環境など多様な側面を見なければならない。住宅についても被害を受けた住宅の面積は考慮されない（建物も住家に限られている）。被災者の生活再建支援を一つの法制度が担うことは現実的ではないし、被災者は被災前からの何らかの生活困難を程度の差はあれ抱えている（それも選別主義制度との関係によってかたちづくられた生活である）。生活保護のロジックと同様に、被災者生活再建支援法が機能するには条件がある。一つは被災者にとっても、生活再建支援法にとっても、基本的な制度（雇用、住宅、教育、保健医療等）の拡充であり、もう一つは同法の対象と水準を改善することである。

生活保護は社会福祉制度の一環であり、被災者生活再建支援法とは位置づけが異なる。ただし、原因に違いはあれ、経済状態が困難に陥った世帯（住宅損壊等も経済状態を困難にする）が生活を立て直すための「受け皿」となる施策であるという点で共通している。また、それらはいずれも対象が狭く限定されているという問題においても同じである。「受け皿」制度は、基本的対策との相対的な関係においてそれ自体も機能するのであって、基本的な対策を拡充させると同時に、それ自体の選別性を弱めることで必要な人に必要な支援を提供することができるように改善・拡充されなければならない。

4　ケースマネジメントは個別支援と社会運動の両輪で

ソーシャルワークとケースマネジメントは対象も方法も異なるが、人々の生活上の困難・不安に対して相談からアセスメント、制度へのつなぎ、多職種連携による支援、モニタリングなどの役割においては共通点がある。ただし、それは役割の一部である。社会福祉はその対象の性質と制度上の位置のために個別支援にとどまらずソーシャルアクション（社会運動）が不可欠となる。今日の社会福祉の対象は、絶対的貧困から相対的貧困まで広がりがある生活上の諸困難であり、低所得層から中間層（相対的な安定層）までの幅広い社会階層の生活問題である。社会福祉はこれに対応することで、一人ひとりの人権を守るとともに、それが可能な社会へと変革する役割がある。

しかし、それは社会福祉単独でなされるものではない。ソーシャルワークは、社会福祉制度や災害の諸制度とともに、雇用、住宅、教育、保健医療などの基本的な制度（社会政策）を活用しながら、その役割を果たそうとする。ところが、社会福祉も基本的な制度も、選別主義の性格が強い日本の場合、十分な資源（ヒト・モノ・カネ）が整っていない。これらの拡充を働きかけるソーシャルアクション（社会運動）は当事者・住民を主体として権利の発展に取り組む組織的実践であり、コミュニティ・オーガナイジング等の専門的な支援を用いるソーシャルワーカーの主体的実践でもある。

災害ケースマネジメントもこのような実践を避けて通ることはできない。内閣府は災害ケースマネジメントを「被災者一人ひとりの被災状況や生活状況の課題等を個別の相談等により把握した上で、必要に応じ専門的な能力をもつ関係者と連携しながら、当該課題等の解消に向けて継続的に支援することにより、被災者の自立・生活再建が進むようマネジメントする取組」と定義している。このような取り組みによって解決・解消できる課題はもちろんあるが、実際には本書の各章で具体的に論じたように、専門職や関係者が連携したとしても課題を解決できるほどの社会的な条件（社会制度や社会活動・運動）が整っているわけではない。人々の権利を擁護し発展させることは社会的富の分配（再分配）とその承認をめぐる闘争でもある。社会制度や社会的実践、当事者・住民運動をいかに拡充するかが、個別支援やマネジメントの実践において、その一環として、私たちに問われているのである。

その際、どのような立場であっても、人々の権利を守り発展させる実践においてはコンフリクトやジレンマを伴う。その対応の一つとして、対話や交渉、対話ファシリテーション、アービトレーション（仲裁）、メディエーション等の紛争解決学の手法が用いられる（安川・石原2014）。これを組織的に実践する上で、当事者・住民や関係機関・施設の職員らが目的や実践を共有し対話・協力を深める場として、事業やプロジェクトの運営組織や協議体を組織化することが有効である。協議と合意によって事業を進め、地域や自治体レベルで解決困難な問題、それに関する制度や予算の課題を、都道府県や政府レベルに提案・提起するといった働きかけにもつながる。この運営組織や協議体に参加している当事者組織はニーズに対応できていない状況について行政や専門職の責任や役割を追求するかもしれない。それを引き受けて、対話的実践によって制度や承認のレベルを改善することがソーシャルワークやケースマネジメントには必要である。

5　関係保障と普遍主義の制度の担い手の量・質の確保を

これらの実践の担い手の量と質も問われる。地方公共団体の職員数は、1994年の328万2492人から2023年の280万1596人へと48万人以上も減少している（減少率14・7%）。この間、市町村数は、平成の大合併によって、1999年4月の3229から2006年3月に1821、2010年までに1727まで減少した（1718、2023年1月1日）。この11年間に、北海道と沖縄県を除けば、大都市部以外の都道府県の減少率が高く（全国平均46・5％）、特に人口1万人未満の小規模な自治体の減少率が著しく高い（全国平均70・1％）。この間の大規模災害の被災地についても、岩手県の減少率42・4％（1万人未満の小規模自治体の減少率62・5％）、宮城県50・7％（同85・2％）、福島県34・4％（同45・1％）、新潟県73・2％（同89・5％）、石川県53・7％（同94・1％）、広島県73・3％（同96・2％）、熊本県52・1％（同74・1％）などとなっている（総務省2010）。

人事院による人口1000人当たりの公的部門における職員数の国際比較では（図6-1）、フランスがもっとも多く90・0人（2020年）、イギリス71・3人（2021年）、ドイツ64・1人（2021年）、アメリカ62・2人（2021年）に対して、日本は37・9人（2021年）である。[4]日本の公務員は著しく少なく、都市でも農村でも平時にも災害時にも市民の生活を守り支えるだけのスタッフが十分にいない、または少ない。その上、前述のように、全国の大都市を除く地方、とくに農村部では平成の大合併によって自治体そのものが数多く消滅させられた。災害の復旧と復興においても「公的減災サービスの低下」などのマイナスの影響が生じている（室﨑2021c）。

この間の自治体の半減と職員数の削減の一方で、増加したのは非正規職員である。2020年4月1日時点で、全国の市区町村における非正規職員数は71万6873人であり、全職員に対する割合は44・1％である（自治体全体のそれは112万5746人、29・0％）（田村2024）。その数も割合も総務省が調査を始めた2005年からもっとも多くなっている。[5]住民にとってもっとも身

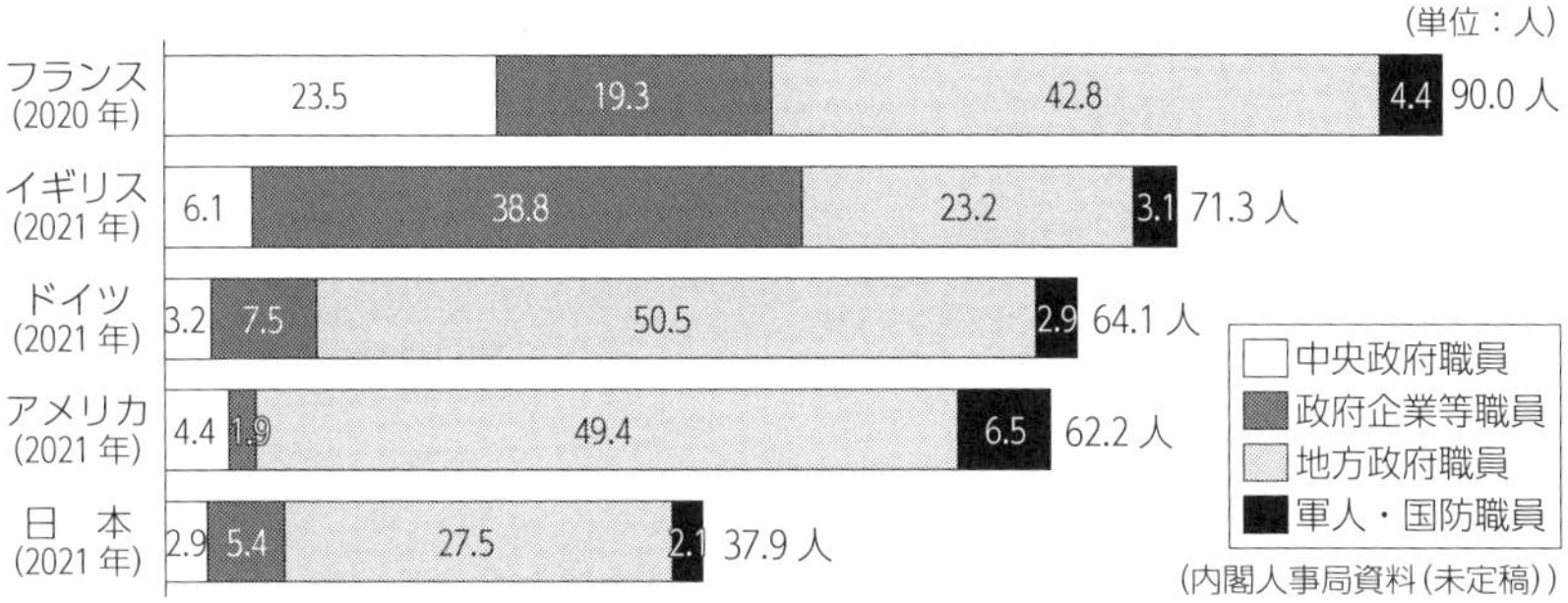

図6-1 人口千人当たりの公的部門における職員数の国際比較

注1:本資料は、編集時点における各国の統計データ等を基に便宜上整理したものであり、各国の公務員制度の差異等(中央政府・地方公共団体の事業範囲、政府企業の範囲等)については考慮していない。また政府企業等職員には公務員以外の身分の者も含んでいる場合がある。

2:国名下の( )は、データ年(度)を示す。

3:合計は、四捨五入の関係で一致しない場合がある。

4:日本の「政府企業等職員」には、独立行政法人、国立大学法人、大学共同利用機関法人、特殊法人の職員を計上している。

5:日本の数値において、国立大学法人、大学共同利用機関法人及び特殊法人以外は、非常勤職員を含む。

出所:人事院 https://www.jinji.go.jp/content/000002920.pdf。

近な市町村の窓口やサービスを支えている市町村職員の半数近くが非正規職員なのである。

政府は自治体リストラと非正規化を進めると同時に、公的部門を産業化・民営化し、公共サービスを営利企業に担わせてきた。社会福祉領域では、1997年に介護保険法が制定され、2000年から施行され、介護サービスの営利化が大きく進んだ。事業主体のうち営利企業の割合は(**表6-3**)、2002年から2022年にかけて、訪問介護が36・1%から70・7%へ、通所介護が12・7%から54・0%へ、居宅介護支援事業所が20・6%から51・2%へ、それぞれ大きく増えている。これらはかねてから地方公共団体の割合(2002年時点)は低かったが、2022年には1%を切るほどになった（厚生労働省2022）。障害者の施策については、就労継続支援事業B型の設置主体のうち営利法人が2013年の6・3%から2019年の20・4%に、就労継続支援事業A型は同じ時期に44・7%から57・3%に、それぞれ増えている（厚生労働省2021）。この四半世紀、社会福祉制度・サービスは民営化・営利化の嵐の中にある。

今後、関係保障と普遍主義を原理とする住民自治と社会保障を実践していくには、このような公共サービスの問題を避けて通ることはできない。多様な人々の関係性を創造し、相互承認を作り出し、断絶に抗い支配的規範を超えていく実践には、一人ひとりの職員、チームワーク、組織が重要となる。そして、そのような実践の社会的基礎におけるもっとも重要な基盤（土台）がまともな雇用・労働条件である。自治体の大量の非正規職員も福祉現場の職員もほとんどが未組織である（表6－4）。自治体職員にとっては、公共サービスの充実に必要な職員の雇用・労働条件の抜本的改善に向けて、労働組合運動を通して闘い、勝ち取ることが重要な課題といえる（各労組には横断的な産別組合への結集や労働協約の拡張適用の実行など仕組み上の課題もある）。それは市民・住民にとって必要なことであり、地域で働き、生活する者としての共通の課題である。福祉施設等の職員にとってのチャレンジは、当事者・家族とその団体、

営利法人（会社）	NPO	その他
36.1	3.9	1.5
70.7	4.8	0.4
12.7	3.0	0.9
54.0	1.5	0.1
0.5	0.1	0.2
10.1	0.4	0.1
20.6	1.5	1.6
51.2	2.8	0.6
1.9	0.5	0.2
2.4	0.4	0.3

表6－3　経営主体別事業所数の構成割合（%）

		地方公共団体	社会福祉法人	医療法人	社団・財団法人	協同組合
訪問介護	2002	2.1	39.3	10.1	2.1	4.8
	2022	0.3	15.4	5.2	1.5	1.8
通所介護	2002	4.6	69.2	7.0	1.1	1.5
	2022	0.3	34.9	7.5	0.5	1.2
短期入所生活介護	2002	6.5	91.6	1.0	0.1	0.1
	2022	1.3	85.0	2.7	0.1	0.3
居宅介護支援事業所	2002	5.7	36.3	25.4	5.3	3.6
	2022	0.6	24.9	15.6	2.5	1.8
地域包括支援センター	2002	34.6	45.3	12.2	4.3	1.1
	2022	21.1	56.4	15.2	3.2	1.0

□10ポイント以上増加、□10ポイント以上減少。
注：2022年10月1日現在、「地域包括支援センタ」ーのみ2006年10月1日現在。
出所：厚生労働省「令和4年介護サービス施設・事業所調査の概況」より筆者作成。

表6－4　産業別労働組合員数及び推定組織率（2023年）

主な産業	労働組合員数（千人）	雇用者数（万人）	推定組織率（%）
総計	9,875	6,109	16.2
金融業、保険業	709	161	44.0
公務（他に分類されるものを除く）	748	248	30.2
製造業	2,624	1,028	25.5
運輸業、郵便業	814	333	24.4
建設業	845	402	21.0
教育、学習支援業	416	318	13.1
宿泊業、飲食サービス業	340	341	10.0
医療、福祉	503	906	5.6
社会保険・社会福祉・介護事業（保育士を含む）	154	462	3.3
サービス業（他に分類されないもの）	204	411	5.0

出所：「令和5年労働組合基礎調査」より筆者作成。

地域住民、同種別の他施設の職員、自治体・中小企業の労働組合・職員組織等と連帯して仲間の輪を広げながら、国の制度と雇用・労働条件の抜本的な改善を要求していくことである。

第3節　ケアの倫理を制度・運営の軸に

1　被災者の苦悩と倫理の問題

避難生活や仮住まいの状態は、部分的には過去の災害の教訓が生かされていても、全体として改善されていない。能登半島地震の現実を知ると、かつての教訓が生かされないどころかむしろ悪化しているようにみえる。なぜ過去の教訓が生かされないのか、さらに悪化しているのはなぜだろうか。どうすれば改善することができるのだろうか。本書の最後の節において、前述以外の論点として、ケアの倫理から私たちの道徳性の問題に光を当て、その内省と実践を通じた変革を提案したい。

倫理と道徳の問題は、個人の内面と行為に関する問題であるとともに、災害時に限らず平時からの行財政の仕組み、職員組織の量と質、住民自治の支援と民主的な行政運営、そして地域社会における人々の関係などと深く関係している。これらすべてにとって第一義的なものは被災者の苦悩であり、これをもっとも大切なこととして、これに向き合えているかが、倫理と道徳の最大の問題であると考える。このような認識から、災害のたびに被災者が苦悩を抱える原因として次の二点を挙げたい。一つは被災者の声が行政や関係者に届いていないこと、もう一つは被災者のもつ多様な関係性が切り離されてしまっていることである。

声が届いていないことが明らかなのは、本書で繰り返し論じてきたように、被災者が過酷な避難環境のなかで我慢し耐え忍んでいること、行政の救助・支援の内容が被災者のニーズに合っていないことからである。例えば、能登半島地震の避難所では、少なくとも最初の1か月間は、被災者の睡眠、食事、排泄、暖の確保などの基本的なニーズに応答しようとする行政の動きがみえなかった。在宅避難者（ビニールハウス避難等を含む）にも必要な情報や物資が届いていなかった。仮設住宅においても「数合わせ」と指摘を受けるような人権にかかわる状況がある。熊本地震のみなし仮設の孤立状況、医療費の窓口負担等の免除措置打ち切りの影響などをみても、被災者の声とニーズは行政に届かなかったと言わざるを得ない。関係性の切り離しとは、在宅避難や避難先での孤立、みなし仮設・建設型仮設での孤立、政治的コミュニティからの分離などである。避難所や仮設住宅において住民による運営組織が自主的に結成されない場合、行政にはこれを促す役割があるが、熊本豪雨の人吉市や能登半島地震の輪島市のように自主運営組織（自治会）づくりの支援を受けていないケースが少なくない。

ニーズが行政や関係者に届かず、過酷な避難環境に置かれて人との関係形成ができず、むしろ関係性を切り離されてしまうと、被災者は状況に耐える他なくなる（耐えきれない人もいる）。しかし、そこに制度や行政が存在しないわけではない。制度とその運営のなかでこのような状況が起こっているのである。

2　家父長制規範の濃い行政・制度に欠けるもの

災害救助法には5つの基本原則がある。特に重要な2つの原則が「平等の原則」と「必要即応の原則」である。前者は、「現に救助を要する被災者に対しては、事情の如何を問わず、また経済的な要件を問わずに、等しく救助の手を差しのべなければならない」ことを意味し、後者は「画一的、機械的な救助を行うのではなく、個々の被災者ごとに、どのような救助がどの程度必要なのかを判断して救助を行い、必要を超えて救助を行う必要はない」というものである。このような原則に立つ法制度にもかかわらず、実際にはその実施・運用において右のような問題を繰り返している。被災者の苦悩の原因を踏まえると、現在の制度とその運用において不足しているもの、または欠いているものが「被災者の声を聴くこと」と「関係性を維持・促進すること」である。[6]

現在の制度とその運用は、救助・支援の量・質の不足等の問題があり、「個々の被災者ごと」のニーズ（必要即応の原則）などに対応する条件を欠いている。そこで、「被災者の声（ニーズ）を聴くこと」と「関係性を維持・促進すること」を5つの原則の基礎に据えることによって、行政と関係者の運用によって被災者の基本的なニーズと個別ニーズへの応答への道を開くことができると考える。例えば、避難所の環境は避難者主体の運営組織づくりによって大きく改善することが過去の災害の経験であり、仮設住宅の狭い面積は運用によって入居者数を調整する（2人世帯は2ＤＫ以上のタイプとする）だけでも改善を図ることができる。

「被災者の声（ニーズ）を聴くこと」と「関係性を維持・促進すること」はケアの倫理の重要な要

素である（トロント1993＝2024）。フェミニストのケアの倫理は、社会制度とその運用が機能不全を起こしている理由に一つの説明を与えてくれる。日本のジェンダー・ギャップ指数（到達度66・3）は世界146か国中118位にあり、特に経済分野（120位）、政治分野（113位）での男女格差が著しい。この傾向は過去20年間に強まっており、日本はG7諸国のなかでジェンダーギャップ指数がほとんど改善されていない特異な国となっている（米山2024）。この間に、雇用労働、政治行政、学校教育などの領域を通して、弱肉強食の競争と格差拡大を容認する新自由主義、男女の役割や家庭責任を強調する家族主義と家父長制規範を深く社会に浸透させている。人々は自助による自立を理想と聞かされ、自己責任と家族責任を体現しようとする。そこでは、他者の声に心を寄せ、その声とニーズに応答する責任を大切にするというケアの倫理と実践は抑制される。そこで、家父長制規範の強い行政・制度がなぜ「被災者の声（ニーズ）を聴くこと」と「関係性を維持・促進すること」に反するかについて、以下、キャロル・ギリガンに尋ねたい。

3　私たちの社会と道徳性とケアの倫理

キャロル・ギリガンは、女性の道徳的発達過程を明らかにするために、男性のそれと異なる女性の声を「もうひとつの声」として聴き取り、家父長制への抵抗の声としてとらえた（ギリガン1982＝2022）。女性の声は家父長制のもとでは女らしさとして差別的に利用される。一方、それは民主主義と人間の解放を求める抵抗の声でもあり、民主主義の発展のなかで「もうひとつの声」は人間の声となっていく（ギリガン２０１１＝２０２３）。

ギリガンが発見した「もうひとつの声」としてのケアの倫理は、支配的な男性の道徳性とは異なる、女性の道徳性発達の思考様式である。女性の道徳性の思考と構想は権利を競うよりもむしろ責任がぶつかり合うことから道徳的問題が生じ、その解決は形式的抽象的あることよりも文脈的叙述的という。別の表現では、男性中心の支配的な道徳性の発達は、権利と規則に対する理解を軸とするのに対して、女性の道徳性の発達は責任と人間関係に対する理解を軸とする。前者は道徳についての紋切り型の理解であり、他者とのつながりよりも分離を強調し、かかわりよりも個人を第一に考慮する（他人の権利を侵害することなく自らの権利をいかに行使するかを重視する、ギリガン１９８２＝２０２２：87―88）。後者（女性の道徳）は、個人の権利の優位性や普遍性ではなく、むしろ世界や他者、自分自身に対して応答する責任を強調し、分離よりもつながりやかかわりを大切にする。言い換えれば、男性は人々が互いの権利を侵害しあうことを心配するのに対して、女性は不作為、つまり、人を助けることができるのに助けないことの可能性を心配する。二つの思考様式と倫理は、いずれも現実の問題への対処において解決が困難なジレンマを抱える（ギリガン１９８２＝２０２２：91―92）。

前者の道徳の権利構想では、道徳的ジレンマについて、理性的な人なら誰でも同意できるような客観的に公正ないし正義にかなった解釈にたどりつくように作られているが[7]、後者の道徳の責任構想は、逆に解決の限界に焦点を当て解決されずに残るジレンマ自体を大切にする（ギリガン１９８

2＝2022：92）。そのため、後者におけるジレンマの解決は短期間での衝突や対決によるのではなく、時間がかかっても対話・コミュニケーションによる説得や合意を重視する。そして、このような二つの道徳の違いを分けるものとして、人間はつながりを経て分離する自律的な存在とみるか、他者とのつながりのなかで発達する依存的な存在とみるかの人間観の違いが横たわっている。

ケアの倫理は、災害救助・生活再建支援の制度とその運用において欠落傾向にある「被災者の声（ニーズ）を聴くこと」と「関係性を維持・促進すること」という思考と実践に通底する。最後に社会制度とその運用にケアの倫理をどのように生かすべきかを示したい。

4　ケアの倫理と実践を制度・運営の軸に

被災者の声（ニーズ）を聴き、これに応答責任を果たすとともに、被災者の関係性を維持・促進しようとすれば、行政や専門職は避難所や仮設住宅、被災者・住民・ボランティア等を管理しようとする発想と行為を転換しなければならない。例えば、避難所運営の指針やマニュアルの多くは、避難者を中心とした避難所運営委員会等をつくることを明示しているが、実際には災害時に必ずしも実行されていない。被災者・ボランティアの協働・連帯の重要性が十分に認識されていないというだけではない。ギリガンを参照すれば、男性中心の支配的な家父長制規範に覆われた政治・行政機構は、親密な関係性とつながりを裏切りや欺きに結びつけて危険なものとして捉え、分離（管理・統制）のなかに安全性を見出そうとする（ギリガン1982＝2022：135―136）。今日の社会ではケアの倫理は、支配的規範をまとい、支配的な地位にある人々を不安にさせる。彼らにとっては平時にも災害時にもケアの倫理と実践を遠ざけたり、安くあるいは管理的に「利用」したりすることが、支配的規範の内に留まることであり、それによって自らを守ることである（ソルニット２００９＝２０１０）[8]。災害のたびに避難所や仮設住宅の過酷な環境が繰り返される一つの理由には、このような社会的・階層的につくられている心理的な機序が隠されている。

他方、ケアの倫理は、人々の暮らしの声と行為に現れている。その多くが女性の声であり、他者のニーズに応え、関係性を大切にする行為である。しかし、それは男性のなかにもあるが、性別にかかわらずケアの倫理は今日の社会では抑制されている。それでも平時にも、災害時にケアの倫理に立つ実践は各地で取り組まれている（住民主体の避難所や仮設団地の運営とこれを支援する自治体・ボランティアによる実践）。当事者を主体としてこれを支援する行政・専門職の相互協力は、「声を聴き」「ニーズをつかみ」「関係性を維持・促進する」。被災者・住民のつながりと協働、自治があってこそ、人間の復興（福田２０１２）の道が開かれる。

仮設の用地確保も仮設の居住性についても、社会制度とその運用におけるケアの倫理が改善の手がかりとなる。ニーズへの応答責任と適切な対応との間にジレンマを抱える場合、日頃の関係と相互の対話が鍵を握る。住民からの信頼の厚い市町村職員らが仮設住宅用の農地や宅地等の提供を住民に相談すれば用地確保の見通しは明るい。信頼関係を支える対話はジレンマを乗り越えるための優れた手段である。能登半島の（１Ｋ４畳半への２人入居を避けて）居住における人権を守ろうとする実践の展望は、「声を聴く」「応答する」「つながりを維持・促進する」といったケアの倫理によって支えられるのである。

ケアの倫理が女性の倫理ではなく人間の倫理へと発展するには、前節のような労働や生活にかかわる社会的・制度的条件の改革が伴わなくてはならない。そのため、ケアの倫理と実践は労働条件や生活条件の決定過程の民主化の促進にもかかわる。政治・行政は被災者の声とニーズを救助・生活再建の施策・運営に反映すること、これに問題があれば柔軟な対応や改善を図ること、復興計画やまちづくり計画などにおいても多様な被災者の参加を促進し、被災者の声を尊重しながら合意形成を進めることが必要である。被災地では子どもや配偶者、親（義理の親）のニーズに応答しようと、多くの女性の肩に平時以上に大きな責任と負担がかかっている。ケアのジェンダー化、ケアの家族責任への転嫁（ほとんどの場合は女性の無私と無償労働）、保育士や介護職等の低賃金かつ過酷な労働条件等の平時の問題が被災によって顕在化している。あわせて社会保障の内容・水準及び手続き等に関して、現在の選別主義から中間層も含めて広く適切な内容・水準を保障する普遍主義への改革がなくてはならない（高林２０２４）。繰り返される過酷な避難所や仮設住宅等の問題を断ち切るには、「もうひとつの声」に耳を傾けて応答するとともに、つながりを維持・促進するケアの倫理を社会制度とその運営の軸に据えることが必要である。以上の構想は、本書の「はじめに」において示した、ケアの倫理による「つながり・相互依存」という人間理解にもとづく、「分離・自立」の社会政策とは異なる「つながり・相互依存」の政策・実践を重視・促進する道である。

私は被災者の声を、「もうひとつの声」として、抵抗の声として聴くことは、ケアの倫理に立ったケアの実践の基本だと考える。ケア実践によってこそケア倫理は現実に生きたものになる。本書の副題の一つをケア実践としたのは、ケアの倫理が行政・関係者の制度と運営の基礎にしっかりと据えられるには「被災者の声を聴くこと」を通して、その生活と心に触れるケアの実践こそが不可欠だからである。

注

1　避難所のトラブルについて、熊本市東区のいくつかの避難所で実際に運営にあたった人たちからお話を聞いた。ある小学校では、避難者がお客さん状態になり、学校の教職員にあらゆる要求をして教師らが心身ともに疲れ果ててしまった。ある避難所では、大学生たちが運営に当たっていたところ、物資が不足しているなどと避難者の厳しい要求に応えきれず、精神的に大きな負荷がかかり辛い思いをしたという声も聞いた。

2　普遍主義の社会政策・社会保障の特徴は、安定的な雇用・労働条件の保障を前提として、教育・医療の自己負担がない（ほとんどない）給付、失業保険・年金保険における適切な対象と水準、社会福祉においてもスティグマを避ける手続きと給付水準、高い捕捉率などであり、政府・行政や議会に対する国民の信頼水準が高い（高林2024）。

3　津久井（2012）による被災者生活再建支援法の改正過程と課題の整理を参照のこと。

4　人事院ホームページ https://www.jinji.go.jp/content/000002920.pdf（2024年11月30日確認）。

5　読売新聞オンライン2024年3月3日「地方公務員も非正規が増加、今年度74万2725人で最多…『5人に1人』の計算」https://www.yomiuri.co.jp/politics/20240303-OYT1T50075/（2024年10月1日確認）。

6　トロント（1993＝2024）の第4章と第5章、岡野（2024）の第5章のケアの倫理を集約すると、「関心を向けること」（ニーズの存在に注目すること）を基本にしてシンプルに説明できると考える。

7　ローレンス・コールバーグのロジックであり、コールバーグ（1987：3章）を参照。

8　ソルニット（2009＝2010：325）が指摘するようなエリートパニックと関連が深いと考える。

おわりに

本書は、災害時代を生きる条件として、住民自治の発展、社会政策の普遍主義への転換、ケアの倫理の実現を提言する。

これらは相互に深くつながりながら、それぞれ私たちに関係している。住民自治がいかにお互いの生命と暮らしを守るかは、避難所運営や被災者・ボランティア等の営みの事例に現れていた。被災者・住民が主体となり行政や関係機関、ボランティア等が協力する実践は、行政・関係者による管理という発想や行為ではなし得ないような、心の通い合う対話と助け合いと連帯を生む。行政や関係者は、被災者・住民を信頼し、声を聴き、その力を借りて頼り、互いの協力関係を大切にしてほしい。これはケアの倫理の実践である。孤立や不信ではなく交流と信頼をつくることが今日の社会的課題であり、住民の福祉と自治の発展は共通の願いである。私たちは人間・制度・実践のイメージを「分離・自立」から「つながり・相互依存」へと転換し、仕事・暮らし、そして生き方に取り入れたい。そこにジレンマや紛争を乗り越えるカギもあると考える。

社会政策・社会保障を選別主義から普遍主義とへ転換することは、労働と生活を安定させるだけでなく、人のつながりや社会規範、自己認識を支える。選別主義は「分離・自立」の倫理を強め、普遍主義は「つながり・相互依存」の規範を促す。まともな雇用・労働条件を基盤にして、中間層以上にも適切な内容・水準の給付・支援を行う社会保障が、自尊と他者尊重の土台となり、人々の相互承認と信頼関係を促す（高林２０２４）。相互承認は今日の人権の一部ともいえる（暉峻２０２４）。普遍主義制度とともに、関係保障としての人とつながる権利の条件整備とケア実践は今後ますます重要な課題となるだろう。これらを制度化・具体化することは災害に備え被害を最小化し、復興のまちづくりにおける住民の対話・交流と自治をも促進する。

ケアの倫理と実践は今日の社会問題と人々の意識・無意識を照らす一条の光である。声を丁寧に聴き、応答しようとし、つながりを大切にするケアの倫理にもとづく実践は、私たちの暮らし、地域活動、制度とその運営を変えていく力になるだろう。しかし、なおも声にならない声、語っても届かないたくさんの声がある。ケアの倫理を頼りとする暮らしと実践のなかで（それに互いに少しでも触れることで）、私たちはその声を聴けるようになり、また自分自身の声と助け（ケア）を得られ、「つながり・相互依存」の意味を知る。このような営みの積み重ねは、災害時代を生きる社会的な諸条件を創造する力となっていくだろう。

災害時代を人間らしく生きる条件とは何か、これをどう創るかを、私はこれからも考え、つながり、実践していきたい。

【初出一覧】

第２章　高林秀明、２０１７「住民自治の避難所運営─熊本地震の地域拠点の実際と教訓─」『社会福祉研究所報』第45号、熊本学園大学付属社会福祉研究所。

第３章　高林秀明、２０１９「みなし（借上型）仮設の健康・生活と復興施策の課題─熊本地震２年半の『隔離』─」『社会福祉研究所報』第47号、熊本学園大学付属社会福祉研究所。

第５章　高林秀明、２０２１「コロナ禍における災害ボランティア活動の課題と教訓─熊本豪雨災害の11ヶ月の経験から─」日本災害復興学会誌『復興』通巻第26号（Vol.10, No.3）、日本災害復興学会。

引用・参考文献

渥美公秀、２０２０「災害ボランティアの課題と展望」『21世紀ひょうご』第28号、ひょうご震災記念21世紀研究機構。

――、２０２１「コロナ禍における災害ボランティア」『季刊　消防防災の科学』１４３号、２０２１冬季号。

綱島不二雄・岡田知弘・塩崎賢明・宮入興一編、２０１６『東日本大震災復興の検証―どのようにして「惨事便乗型復興」を乗り越えるか―』合同出版。

石橋克彦、１９９４『大地動乱の時代―地震学者は警告する―』岩波新書。

ウォレス・ウェルズ、デイビッド、２０２０『地球に住めなくなる日―「気候崩壊」の避けられない真実―』藤井留美訳、ＮＨＫ出版。

大牟羅良、１９５８『ものいわぬ農民』岩波新書。

岡田広行、２０１５『被災弱者』岩波新書。

岡野八代、２０２４『ケアの倫理―フェミニズムの政治思想―』岩波新書。

金澤誠一、１９９７「『国民生活』の動向と最低限政策」『社会保障と生活最低限―国際動向を踏まえて―』中央大学出版部。

上田浩之、２０１６「災害ボランティアからみた被災者支援の課題と展望―住民福祉活動の萌芽―」『暮らしと自治　くまもと』２０１６年10月号、くまもと地域自治体研究所。

嘉田由紀子編著、２０２１『流域治水がひらく川と人との関係―２０２０年球磨川水害の経験に学ぶ―』

農山漁村文化協会。

ギリガン、キャロル、1982＝2022『もうひとつの声で　心理学の理論とケアの倫理』川本隆史・山辺恵理子・米典子訳、風行社。

――、2011＝2023『抵抗への参加　フェミニストのケアの倫理』小西真理子・田中壮泰・小田切建太郎訳、晃洋書房。

熊本県、2020「令和2年7月豪雨に係る災害対策本部会議」第29回（8月31日）資料。

熊本県社会福祉協議会、2019「平成28年熊本地震による市町村災害ボランティアセンター等活動実績月別一覧」。

――、2021「令和2年7月豪雨　熊本県内被災地災害ボランティアセンター活動実績」。

熊本県民主医療機関連合会「仮設住宅入居者アンケートのまとめ【更新版】　熊本地震における医療費の窓口負担等の免除措置終了後」2018年2月14日。

熊本市政策局、2017「平成28年熊本地震にかかるアンケート調査報告書」2017年10月。

熊本地震における医療費の窓口負担等の免除措置復活を求める会、2019「被災者の健康と生活に関する実態調査の結果報告（第一報）」2019年6月11日（熊本県庁記者発表資料）。

くまもと地域自治体研究所編、2018「荒瀬芳昭さん（益城町木山仮設東自治会長）のインタビュー」『暮らしと自治　くまもと』2018年8月号、くまもと地域自治体研究所。

クライン、ナオミ、2007＝2011『ショック・ドクトリン―惨事便乗型資本主義の正体を暴く―（上・下）』幾島幸子・村上由見子訳、岩波書店。

グリューン、アルノ、2001『「正常さ」という病い』馬場謙一・正路妙子訳、青土社。

――、2005『人はなぜ憎しみを抱くのか』上田浩二・渡辺真里訳、集英社新書。

――、2016『従順という心の病　私たちはすでに従順になっている』村椿嘉信訳、YOBEL, Inc.

厚生労働省、２０２１「障害者の就労支援について」第１１２回社会保障審議会障害者部会資料、https://www.mhlw.go.jp/content/12601000/000794737.pdf（２０２４年9月30日確認）。

――、２０２２「令和4年介護サービス施設・事業所調査の概況」https://www.mhlw.go.jp/toukei/saikin/hw/kaigo/service22/index.html（２０２４年9月30日確認）。

越山健治・室﨑益輝、１９９６「阪神・淡路大震災における応急仮設住宅供給に関する研究」『１９９６年度　第31回　日本都市計画学会学術研究論文集』。

コールバーグ、ローレンス、１９８０＝１９８７『道徳性の形成―認知発達的アプローチ―』永野重史監訳、新曜社。

佐藤弥生子・橋本朱里、２０１８「みなし仮設住宅入居者健康調査から考える被災者支援のあり方について」『保健師ジャーナル』74巻、3号。

ＪＶＯＡＤ、２０２０「新型コロナウイルスの感染が懸念される状況におけるボランティア・ＮＰＯ等の災害対応ガイドライン」。

塩崎賢明、２０１３「応急仮設住宅・みなし仮設住宅とその後」『都市問題』第１０４巻、第3号。

――、２０１４『復興〈災害〉―阪神・淡路大震災と東日本大震災―』岩波新書。

篠原雅武、２０１１『空間のために―偏在化するスラム的世界のなかで―』以文社。

生活問題研究会編、１９９７『孤独死―いのちの保障なき「福祉社会」の縮図―』生活問題研究会。

総務省、２０１０「『平成の合併』について」平成22年3月。

――、２０１９「平成30年　住宅・土地統計調査」。

――、２０２３「労働力調査」。

――、２０２４「令和5年　住宅・土地統計調査　住宅及び世帯に関する基本集計（確報集計）結果」。

ソルニット、レベッカ、２０１０『災害ユートピア―なぜそのとき特別な共同体が立ち上がるのか―』高月園子訳、亜紀書房。

高橋和雄・中村百合・清水幸徳、1998「雲仙普賢岳の火山災害における応急仮設住宅の建設の経過と住環境管理」『土木学会論文集』604号／Ⅳ―41。

髙橋裕、1971『国土の変貌と水害』岩波新書。

高林秀明、2001「社会保障の一環としての地域福祉―その必然性と課題―」『県立広島女子大学生活科学部紀要』第7号、県立広島女子大学。

――、2014「国民健康保険の実態と課題―熊本市の国保改善運動から―」『熊本学園大学社会福祉研究所報』熊本学園大学付属社会福祉研究所。

――、2017「住民自治の避難所運営―熊本地震の地域拠点の実際と教訓―」『社会福祉研究所報』第45号、熊本学園大学付属社会福祉研究所。

――、2019a「みなし（借上型）仮設の健康・生活と復興施策の課題―熊本地震2年半の『隔離』―」『社会福祉研究所報』第47号　熊本学園大学付属社会福祉研究所。

――、2019b「熊本地震における借上型（みなし）仮設の生活再建の課題―孤立を克服するための政策提言―」『震災復興の社会経済システムに関する研究』愛知大学中部地方産業研究所。

――、2021「熊本豪雨の被災者の避難生活の現状と課題」『季刊　消防防災の科学』143号。

――、2022「自治体職員における制度運営の実態とディレンマの構造―熊本豪雨の住家被害認定調査の事例から―」熊本学園大学論集『総合科学』第28巻第1号（通巻53号）。

――編、2023『被災者の語り―熊本豪雨の経験と教訓―』熊本学園大学地域福祉（高林ゼミ）。

――、2024『制度から生まれる連帯の力―普遍主義による相互承認―』大月書店。

竹沢尚一郎、2013『被災後を生きる―吉里吉里・大槌・釜石奮闘記―』中央公論新社。

――、2022『原発事故避難者はどう生きてきたか―被傷性の人類学―』東信堂。

田村多鶴子、2024「住民の『当たり前』を支える非正規公務員」『住民と自治』2024年5月号、自治体研究社。

津久井進、2012『大災害と法』岩波新書。

――、2020『災害ケースマネジメント◎ガイドブック』合同出版。

都留民子編著、高林秀明・堀木晶子・増淵千保美・唐鎌直義著、2012『「大量失業社会」の労働と家族生活　筑豊・大牟田150人のオーラルヒストリー』大月書店。

暉峻淑子、2017『対話する社会へ』岩波新書。

――、2024『承認を開く　新・人権宣言』岩波書店。

トロント、C・ジョアン、1993＝2024『モラル・バウンダリー――ケアの倫理と政治学――』杉本竜也訳、勁草書房。

トロント、C・ジョアン、2013＝2024『ケアリング・デモクラシー――市場、平等、正義――』岡野八代監訳、相馬直子他訳、勁草書房。

内閣府、2019『子供・若者白書』令和元年版。

中島熙八郎監修、「7・4球磨川豪雨災害はなぜ起ったのか」編集委員会編、2021『7・4球磨川豪雨災害はなぜ起ったのか――ダムにこだわる国・県の無作為が住民の命を奪った――』花伝社。

福田徳三、2012『復興経済の原理及若干問題　復刻版』山中茂樹ほか編、関西学院大学出版会。

ホネット、アクセル、2014『承認をめぐる闘争――社会的コンフリクトの道徳的文法――』（増補版）、山本啓・直江清隆訳、法政大学出版会。

前田浩、2020『ウイルスにもガンにも野菜スープの力』幻冬舎。

増田進、1989『地域医療を始める人のために』医学書院。

三塚武男、1997『生活問題と地域福祉――ライフの視点から――』ミネルヴァ書房。

宮本悟、２０２２「オランダ政権下におけるフランス住宅手当改革—『責任・連帯協定』による影響—」『中央大学経済研究所年報』第54号、中央大学経済研究所。

室﨑益輝、２０２１ａ「新型コロナ禍と災害ボランティア」『震災学』15巻、東北学院大学。

——、２０２１ｂ「災害ボランティア活動の拡大と再構築」『月刊　ガバナンス』２３９号、ぎょうせい。

——、２０２１ｃ「平成の大合併は復旧と復興に何をもたらしたか」『総合検証　東日本大震災からの復興』ひょうご震災記念21世紀研究機構編、岩波書店。

——、２０２２『災害に向き合い、人間に寄り添う』神戸新聞総合出版センター。

安川丈朗・石原明子編、２０１４『現代社会と紛争解決学—学際的理論と応用—』ナカニシヤ出版。

山秋真、２００７『ためされた地方自治—原発の代理戦争にゆれた能登半島・珠洲市民の13年—』桂書房。

山竹伸二、２０２５『ほんとうのフロイト—精神分析の本質を読む—』筑摩書房。

米野史健・宗健・小田川華子・伊藤明子・中川雅之・松本暢子、２０１７「空家・民間賃貸住宅の活用と居住支援協議会から考える『今後の住宅政策』—東日本大震災での借り上げ（みなし仮設）住宅の実態を踏まえて—」（第24回学術講演会ワークショップ①）『都市住宅学』97号、都市住宅学会。

米山淳子、２０２４「ジェンダーギャップ指数改善への課題」『経済』12月号、新日本出版社。

ランシエール、ジャック、２００８『民主主義への憎悪』松葉祥一訳、インスクリプト。

ロールズ、ジョン、１９９９＝２０１０『正義論　改訂版』川本隆史・福間聡・神島裕子訳、紀伊国屋書店。

Brunsma, David L. Overfelt, David. Picou, J. Steven. 2007. *The Sociology of Katrina: Perspectives on a Modern Catastrophe*, Rowman & Littlefield Publishers.

Rothstein, Bo. 1998. *Just Institutions Matter: The Moral and Political Logic of the Universal Welfare State*, Cambridge University Press.

——. 2011. *The Quality of Government*, University of Chicago Press.

あとがき

私は阪神・淡路大震災から約1年後の1996年4月に神戸市内に社会福祉関係の職を得た。それから2年間、被災者の暮らす仮設住宅を回り、なぜ孤独死が頻発しているのか、どうすれば防ぐことができるのかをテーマに調査活動に奔走した。恩師である三塚武男先生（同志社大学名誉教授）を中心とする生活問題研究会の協力によって、仮設住宅で暮らす40歳から64歳の169人から暮らしの声を聴き取り、その結果を『孤独死―いのちの保障なき「福祉社会」の縮図―』にまとめた。調査活動の裏方として、多くの被災者に会い、直接お話を伺うなかで、貧困や孤立等を解決したいと考え、そのためにより深く社会問題について学ばなければならないと思った。この経験が私の研究の原点となった。

それから30年、日本社会はどれほど良くなっただろうか。今なお「いのちの保障なき」という鋭い表現を反故にできない現実がある。副題に掲げた、住民自治、普遍主義、ケア実践はいずれも逆風のなかにある。それでも人間らしく生きる条件を創造しようとする多くの人たちの努力は続いている。私もその営みに参加していきたいと思う。さらに視野を広げて、さまざまな地域や領域の人たちとの対話を大切にするとともに、例えば久保全雄《まさお》さんの大著『生きる条件―健康・環境破壊の変遷とその認識―』［増補改訂・五版］（労働旬報社、1988年）等を手がかりに、自然と社会と人間について、より広く深く関連づけて考えていきたい。20年近く細々とだが私なりに関わってきた水俣病問題の調査・研究をまとめることが当面の目標である。

本書の執筆を通して学んだことは、私たちは相互につながり依存しながら生きていることである。当たり前のようなことだが、被災地で出会った人たちとの交流を通して、たくさんの心のふれあいをいただき、苦しみのなかでも互いに助け合い、少しずつ暮らしを取り戻し、地域づくりに取り組む人たちに多くのことを教えていただいた。分離よりもつながり、自立よりも相互依存が人間らしい生き方だと今の私は心から思える。ギリガンやロススタインの研究は思考の助けとなったが、私が心から頼ったのは、そして支えていただいたのは被災者の皆さんである。

多くの方々の協力によって完成したこの書が、被災地やこれからの日本社会の災害対策やまちづくりに少しでもお役に立てれば幸いです。一人ひとりのお名前をあげることはできませんが、被災地での活動や調査の上でご協力いただきました皆様、いつも私をあたたかく迎えてくださる益城、人吉、能登の方々に心より感謝します。また、研究の上で学ばせていただいている多くの方々に感謝を申し上げます。とくに、岡田知弘先生と室﨑益輝先生と竹沢尚一郎先生のお力添えとご薫陶によって災害に関する研究を私なりに続けることができました。

本書の編集と出版にご尽力くださいました自治体研究社の寺山浩司さんに感謝を申し上げます。

本書の出版にあたって熊本学園大学付属社会福祉研究所の出版助成を受けました。

［著者紹介］

高林秀明（たかばやし　ひであき）

1969年、静岡県生まれ。熊本大学大学院社会文化科学教育部博士後期課程修了。博士（公共政策学）。現在、熊本学園大学社会福祉学部教授。
主な著作に、『健康・生活問題と地域福祉―くらしの場の共通課題を求めて―』（本の泉社、2004年）、『障害者・家族の生活問題―社会福祉の取り組む課題とは―』（ミネルヴァ書房、2008年）、『「大量失業社会」の労働と家族生活―筑豊・大牟田150人のオーラルヒストリー―』（共著、大月書店、2012年）、『制度から生まれる連帯の力―普遍主義による相互承認―』（大月書店、2024年）がある。

［熊本学園大学付属社会福祉研究所　社会福祉叢書35］
災害時代を生きる条件
―住民自治・普遍主義・ケア実践―

2025年3月31日　　初版第1刷発行

著　者　高林秀明
発行者　長平　弘
発行所　㈱自治体研究社
〒162-8512 東京都新宿区矢来町123 矢来ビル4F
TEL：03･3235･5941／FAX：03･3235･5933
http://www.jichiken.jp/
E-Mail：info@jichiken.jp

ISBN978-4-86826-001-1 C0036
印刷・製本／中央精版印刷株式会社
DTP／赤塚　修